Klavierspielen ist auch keine Lösung

Für Monika

Berthold Mann-Vetter

Klavierspielen ist auch keine Lösung

Kurzgeschichten und Essays

*Bibliografische Information der Deutschen Nationalbibliothek:
Die Deutsche Nationalbibliothek verzeichnet diese Publikation
in der Deutschen Nationalbibliografie; detaillierte bibliografische
Daten sind im Internet über http://dnb.dnb.de abrufbar.*

*© 2015 Berthold Mann-Vetter
Herstellung und Verlag:
BoD – Books on Demand, Norderstedt*

ISBN: 978-3-7392-0047-7

Klavierspielen ist auch keine Lösung	7
Eine neue Generation von Pianisten	13
Abonnementskonzert	20
Weltkulturerbe	24
Die Nachgrinsdauer	32
Die Professur	36
Publikum	42
Musiktherapie	52
Klavierkonzert	60
Langeweile	70
Vita	72
Warnung an alle Eltern!	78
Andante con spirito	83
Der Kulturkampf	87
Exposition	91
Missio	97
Loreley	99
Die vielen Dinge	106
Peinliches Ereignis	111
Tee bei Jacottet	113

Müsli	121
Neue Märkte	127
Die Stimme	142
Drehbuch	146
Das gelbe Buch	155
Allegro Allergico	161
Lean Management	170
Wochenendverlängerung	175
Traumberuf	181
Ernst bleiben	187
Antizyklisch	192
Anachronisten	197

Klavierspielen ist auch keine Lösung

Ob jemals jemand gezählt hat, wie oft eine Note, eine Passage, eine Tonleiter, eine ganze Toccata oder Sonate geübt werden muss, bis sie wirklich sitzt, bis man sie wirklich kann? Ich meine *wirklich*. Geht es in die Hunderte, in die Tausende, vielleicht noch viel mehr?

Welch ungeheurer Aufwand an Arbeit, Kraft und Zeit! Welch luxuriöse Verschwendung von Ressourcen, nur für Musik, nur für einzelne Noten. Nur für mein kritisches Ohr, das zu entscheiden hat, welche Passage noch einmal gespielt werden muss, weil sie noch nicht perfekt ist, holprig vielleicht, ungleichmäßig, zu laut, nicht legato genug, was auch immer. Noch einmal spielen und noch einmal und noch einmal, bis irgendetwas in mir zufrieden ist, für heute jedenfalls. Wer mir zuhört, merkt vielleicht gar keinen Unterschied oder nur einen winzigen. Ein Takt, der jetzt flüssiger geht, ein Akkord, der nicht mehr ganz so plump klingt. Und dafür so lange üben?

Schon als Schüler hatte ich viel Klavier gespielt. Aber erst recht als Musikstudent. Da saß ich stundenlang in einem kleinen Raum der Hochschule, gerade groß genug für einen Flügel und eine Klavierbank, und übte übte übte. Drei Wochen Bach, dann zwei Monate eine Schumann-Sonate, später vielleicht die Chopin-Polonaisen oder doch lieber die Intermezzi von Bahms? Und immer: Übungen und Etüden.

Wochen, Monate, Jahre.

Akustisch unverzichtbar waren in der Hochschule Doppeltüren und Isolierfenster bester Qualität. Wobei durchaus unklar ist, wer vor wem geschützt wird. Die Nachbarschaft vor den unerträglich oft wiederholten Takten, Tonleitern und Musikpassagen. Oder der Student vor der Außenwelt des 21. Jahrhunderts, die so scheinbar gar nichts zu tun hat mit Chopin, Bach und Haydn, mit Präludien und Sonaten.

Ich saß also während meines Musikstudiums täglich stundenlang alleine und übte, mit einer kurzen Unterbrechung an jedem einzelnen Tag. Der alte Hausmeister, Herr Panzer, machte seinem Namen alle Ehre, denn meist hörte man ihn trotz Doppeltüren schon vom Gang aus, so schnaubte und keuchte er nach drei Stockwerken Treppensteigen. Ich sah den Hausmeister täglich, weil ausgerechnet in meinem üblichen Überaum jeden Tag die Heizkörper aufs Neue entlüftet werden mussten, was ihm sichtlich wenig Spaß machte.

Kein Gruß beim Betreten des Raumes (niemals beachtete er mich überhaupt), kein Smalltalk, keine Verabschiedung. Nur sein schlurfender Gang zum Heizkörper, sein unbewegtes grantiges Gesicht und seine Angewohnheit, ziemlich laut vor sich hinzuschimpfen. Und dabei ließ er sich ganz gewiss nicht von dem direkt neben ihm übenden Musikstudenten stören. Jedes zart dahinschmelzende Adagio wurde von seinem monotonen Gebrabbel überlagert: "Können die nicht mal 'ne Heizung richtig legen... jeden Tag muss ich ran... völlig sinnlos!" Ich übte weiter, wenn er kam, lächelte in mich hinein, kam mir unglaublich überlegen vor. Brillierte mit Beethoven, ein furioses Finale, während er sich keuchend neben mir an der Heizung abmühte.

An einem einzigen Tag in alle den Jahren wich Panzer von seinem so zuverlässigen Protokoll ab, indem er – bereits ächzend über das Heizungsthermostat gebeugt – den Kopf zu mir drehte (das tat er sonst nie), einen Augenblick innehielt und dann vor sich hin murmelte:

"Klavierspielen ist auch keine Lösung."

Wohlgemerkt sagte er das nicht zu mir, erwartete keine Erwiderung, wandte sich daraufhin wieder seinem Thermostat zu und ging nach getaner Arbeit schlurfend und missmutig wie immer aus meiner Übezelle. Ich aber ließ ab von den Tasten und legte ratlos die Hände in den Schoß.

Was war das? Klavierspielen sei keine Lösung? Galt das meinen nachhaltigen, aber vielleicht doch erkennbar vergeblichen Bemühungen, dem schnellen Finalsatz der Beethoven-Sonate endlich Herr zu werden? Hatte Panzer doch über Tage, ja Wochen meinem Klavierüben gelauscht und unwillkürlich festgestellt, dass die Fortschritte, die einem erfolgreichen Examen vorausgehen müssen, bei mir offensichtlich nicht zu erwarten waren.

War mein Beethoven so schlecht – zu langsam, holprig in der Technik, fade im Ausdruck? Konnte er so etwas überhaupt erkennen? Ich blieb irritiert, mein Elan war dahin, mein Üben hatte für diesen Tag ein Ende.

Aber auch in den nächsten Tagen blieb mein Klavierspiel mechanisch, weil die Gedanken immer wieder um diesen einen Satz kreisten. Meinte er vielleicht "keine Lösung" viel globaler: All die Studenten der Hochschule, die Herr Panzer gewiss schon einige Jahrzehnte erlebte, die mit Noten unterm Arm kamen und vier Jahre später ebenfalls mit Noten im Gepäck (manchmal sogar den gleichen) wieder gingen – was trugen die bei zu den Problemen der Gesellschaft bzw. ihrer Lösung?

Sah der Hausmeister, der Mann der Tat, der nie ohne Zange, Zollstock und Schraubenzieher unterwegs war, den Insignien praktischer und damit sinnvoller Arbeit, in uns Musikstudenten bloß Schmarotzer? Weltfremde, verhätschelte und staatlich alimentierte Wesen, die niemals richtig erwachsen würden, niemals der Gesellschaft würden zurückgeben können, was sie von ihr an Wohltaten empfangen hatten.

Nein, je länger ich darüber nachdachte, desto klarer wurde mir: seine so denkwürdige Bemerkung galt gewiss nicht *meinem* Beethoven, Herr Panzer missfiel offensichtlich die Nutzlosigkeit des Ganzen.

Diese winzige Episode ist Jahre her. Und doch habe ich mich nie richtig davon befreien können, erfinde ich noch immer Dialoge, in denen ich mein Panzer-Erlebnis weiterspinne, in denen ich nachfrage, mich rechtfertige oder den wahrscheinlich längst verstorbenen Hausmeister seine mutmaßliche Kulturkritik ausformulieren lasse.

"Ich spiele nicht, ich übe!", versuche ich mich zu verteidigen. Da schüttelt er nur den Kopf, schnaubt verächtlich: "Wo is' da der Unterschied?"

Wie ihm klarmachen, was mich jeden Tag aufs Neue an das Klavier treibt, warum ich mich nie zufrieden geben kann? Warum jedes Musikstück niemals "fertig" ist. Immer weiter geübt werden *muss*!

Wie ihn hören lassen, was ich höre?

"Klingt doch jeden Tag gleich", sagt er mir täglich in meinen imaginären Dialogen. Und: "Diese ganze klassische Musik, die ihr da macht: wen interessiert's? FÜR WEN ÜBST DU?" Die Frage scheint berechtigt!

Wie viel Pedal nehme ich bei Bach? Wie schnell die Beethovenschen Finalsätze? Wie viel Ritardando ist bei Mozart angemessen? Was sind das alles bloß für Fragen und Probleme – wen interessiert's?

Auch heute noch: Immer wieder, wenn ich nach mehrstündigem Üben den Klavierdeckel schließe und nach draußen gehe, sehe ich mich plötzlich einer lärmenden Großstadt ausgesetzt, die mir zuruft: "Wir Panzers sind hier in der Überzahl!"

Tatsächlich – hier draußen ist es völlig ohne Belang, ob ich in der Scarlatti-Sonate in D-Dur im 43. Takt ein winziges Ritardando mache oder nicht, ob es mir in einer Bach-Fuge gelingt, die Themen in der Lautstärke etwas hervorzuheben oder nicht.

Für wen übst du?

Und doch: Trotz aller erwiesenen Bedeutungslosigkeit und Randständigkeit spüre ich diesen Imperativ in mir, der mir immer wieder einflüstert: *Musik ist mehr!* Niemals ist man fertig, immer gibt es weitere Nuancen auszuprobieren und zu entdecken. Es ist wie die Tür zu einem vermeintlich kleinen Raum, die man öffnet. Hinter ihr finden sich weitere Türen und Zimmer, und immer größere Säle erschließen sich, von deren Existenz man eben noch nichts ahnte. Man entdeckt ein ganzes Schloss, wo man nur einen einzigen Raum wähnte.

Und dann sitze ich eben doch wieder am Klavier und übe, stundenlang. Auch wenn das keine Lösung ist.

Ich kann nicht anders.

Eine neue Generation von Pianisten

Neulich traf ich Herrn Lotz, der mir als ebenso großer Liebhaber von Klaviermusik bekannt ist, wie ich es bin. Wir setzten uns in ein Café und plauderten miteinander, kamen dabei auch bald auf die Musik zu sprechen. Ich erzählte ihm von den großen Klavierabenden in der letzten Saison, sie waren allesamt superb, besonders dieser und jener und wo er – Lotz – denn gewesen sei, man habe ihn ja in keinem Konzert gesehen. Herr Lotz lachte schelmisch und meinte: "Jaja, die großen und berühmten Virtuosen. Sie werden verschrobener und eigenwilliger, älter und reicher, aber sie spielen, bis sie tot umfallen. Und die jungen Hitzköpfe, die durch die Medien hochgepuscht werden? Die wollen all das sofort und gleich. Nein, diese großen Klavierereignisse besuche ich nicht mehr!"

Ich war einigermaßen erstaunt, von Herrn Lotz, dem Philanthropen, solche kritischen Reden zu hören. "Wissen Sie, ich habe etwas Neues entdeckt. Es ist zwar traurig, dass das kulturelle Leben unserer Gesellschaft solche Eigenwilligkeiten gebiert, aber solange ich der Nutznießer bin, lasse ich es mir denn doch gefallen." Er rückte näher an mich heran und senkte bedeutungsvoll die Stimme: "Sagen Sie, haben Sie in letzter Zeit einmal einen unbekannten Pianisten gehört, einen blutjungen Studienabgänger, einen Niemand?" Wahrheitsgemäß verneinte ich. Einige dieser armen Gestalten hatten bei mir im Geschäft für ihr Konzert Plakate aufhängen wollen, von denen ich aber keines jemals besucht habe. "Ich nämlich lange Zeit auch nicht", fuhr Lotz fort. "Man verliert ja so leicht den Kontakt zur Basis, wenn man nur die Topstars der Szene kennt, die sich millionenschwer verkaufen. Aber so ein Neuling, den keiner kennt und kaum jemand hören will, was kann der und wie überlebt der? Als ich mir diese Fragen einmal stellte, habe ich mich etwas umgesehen und bin auf wahrhaft denkwürdige Evolutionsprozesse unserer Musikszene gestoßen. Aber wissen Sie was, ich erzähl´ es Ihnen nicht, Sie kommen einfach einmal mit und sehen es sich selbst an."

Tatsächlich hatte mich Herr Lotz neugierig gemacht. Und wenn ich auch sonst kein Freund von Seltsamkeiten und Kulturnischen bin – hier ging es ja in erster Linie um gute Klaviermusik. Also fragte ich ihn, wann denn wieder so ein merkwürdiges Konzert stattfände. "Jederzeit", sagte er schon in Aufbruchsstimmung, "ganz egal wann. Schlagen Sie einen Termin vor." Wir einigten uns auf nächsten Donnerstag, Treffpunkt 19 Uhr – in der Fußgängerzone, dem Zentrum der Szene.

Es wurde Donnerstag, es wurde 19 Uhr, wir trafen uns in der hiesigen Fußgängerzone. "Was nun", fragte ich Herrn Lotz provokant, "in keiner Zeitung wird für heute ein Klavierabend angekündigt." – "Erster Denkfehler", replizierte er, "Plakate und Ankündigungen kosten Geld und bringen nichts, wenn man ein Niemand ist. Wer geht in das Konzert eines Justus Hammelbach, wenn man nicht schon drei CDs von ihm hat. Wir brauchen jetzt etwas Geduld, es kann aber nicht lange dauern."

So standen wir etwas herum, doch schon nach der ersten Zigarette flüsterte er mir zu: "Sehen Sie die beiden da drüben? Die wollen auch in ein Konzert!" Tatsächlich standen nicht weit von uns zwei Herren, die ebenso wie wir auf etwas zu warten schienen. Dann, es war kurz vor halb acht, ging alles sehr schnell. Plötzlich stand ein junger Mann vor uns und fragte: "Brahms Quartette? Kleiner, gemütlicher Raum. Begrüßungstrunk, Häppchen." Noch bevor ich mir einen Reim auf seine Worte machen konnte, sagte Lotz: "Danke, kein Interesse." Der junge Mann zog mit drei Personen im Schlepptau weiter. Die beiden Herren drüben ließen ihn auch abblitzen, aber weiter hinten nahm der Jüngling noch eine Dame mit.

"Aufpassen!", raunte Lotz mir zu, "Nicht sofort zusagen. Sekt ist schon das Mindeste und von wegen Häppchen – das kenne ich schon!" Ich wollte gerade einwenden, dass es doch das Wichtigste sei, einen Klavierabend mir ansprechendem Programm zu finden, da wurde uns ein Liederabend angeboten: Strauss, Schubert, Sekt, Salatplatte. Die junge Sängerin, deren Garderobe eher schäbig denn festlich war, hatte schon eine ansehnliche Anzahl von Personen dabei, sicher auch wegen ihrem charmanten Äußeren. Ich lehnte entschuldigend und umständlich ab, was mir einen strafenden Blick von Herrn Lotz einbrachte: "Nicht so viele Worte! Das erwartet niemand. Sagen Sie einfach nur: Nein Danke! Reicht vollkommen."

Dann: Haydn-Klaviersonaten (die habe ich ewig nicht mehr gehört), Rotwein, freier Tabak. Beinahe hätte ich zugesagt, aber in letzter Sekunde fiel mir ein, dass der hoffnungslose Nachwuchspianist nichts von Speisen erwähnte. Da gab es leider kein Pardon. Es war bereits Viertel vor Acht, Lotz war die Ruhe selbst, während ich mir einen alternativen Abend in der Kneipe ausmalte. Da bekamen wird ein tolles Angebot: Brahms, Schumann, Debussy, Saft und Wein, Suppe und belegte Brote. Klang nicht schlecht, auch wenn der Pianist klein und ungeschickt aussah. Der arme Kerl hatte erst zwei ältere Damen bekommen, er war halt spät dran.

Wir sagten zu, reihten uns ein und wurden vom Vortragenden miteinander bekannt gemacht. Der Pianist hatte einen forschen Gang drauf und angelte sich tatsächlich noch einen Mann mit Krawatte. Dafür verabschiedete sich eine der Damen: "Ich habe Ihnen gleich gesagt, dass ich nicht so weit laufen will." So schien es bei vier Zuhörern zu bleiben. Wir liefen durch die Straßen, begegneten einem Violinabend, der uns vergeblich noch Zuhörer abwerben wollte, und bogen dann in einen dunklen Hinterhof ein. Ich befürchtete schon das Schlimmste, aber Herr Lotz flüsterte mir zu: "Ich glaube, wir haben Glück." Und er behielt Recht.

Der Pianist führte uns in sein Atelier, gerade groß genug für den Flügel und uns, aber sehr wohnlich. Offensichtlich hatte er nicht mit viel mehr Zuhörern gerechnet: Sechs schwere Sessel standen um den Flügel, in der Ecke dann noch einige Klappstühle. Wir bekamen aus dem Mantel geholfen, dann verschwand der

Vortragende in der Küche. Wir versorgten uns derweil wie selbstverständlich mit Säften, die auf einem Beistelltisch standen.

Meine anfängliche Beklemmung wich, als dann ein doch recht nettes Gespräch zustande kam, während in der Küche verheißungsvolles Geschirrklappern zu hören war. Bisher fand der Abend allgemeine Zustimmung, auch wenn man selbstverständlich noch nichts sagen könne, man müsse ja erst die Suppe abwarten. Neulich erst wurde Fleisch vom Solisten versprochen und nichts dergleichen wurde schließlich aufgetragen. Ich verriet mich leider als blutiger Anfänger mit meiner Frage, warum es das Essen denn nicht nach dem Konzert gäbe. Die alte Dame meinte nur schnippisch: "Jaja, da hört man erst zu, und dann gibt's plötzlich doch nichts zu essen. Da ist man dann schön angeschmiert. Kennen wir alles schon!"

Die Sessel waren sehr bequem, auch der Flügel schien in Ordnung zu sein. "Hoffentlich hat er ihn stimmen lassen", vermerkte der Herr mit Krawatte, "die sparen ja an allem." Dann kam die Suppe, ich muss sagen: nicht schlecht. Broccolicremesuppe mit frischem Schnittlauch, dazu Baguette. Also so als Dreingabe zum Konzert lass ich mir das gefallen. Auch Nachschlag gab es. Nach der Suppe bot der Pianist verschiedene Weine an, wir entschieden uns für einen Gewürztraminer. Er schenkte ein, entkorkte gleich eine zweite Flasche: "Sie können sich ja selbst bedienen; ich darf derweil vielleicht mit meinem Vortrag beginnen."

Damit überreichte er jedem ein kleines Heftchen, das ausführliche Informationen über die Werke des heutigen Abends enthielt. Nicht unintelligent gemacht, das Ganze.

Was soll ich über sein Klavierspiel berichten?

Natürlich muss der Junge noch viel lernen, aber es waren schon schöne Momente dabei. Kraft war da, auch klangliche Transparenz. Freilich: Die großen Bögen einer Brahms-Sonate, die bekommt so ein Knabe eben noch nicht hin, dazu muss man erst einiges vom Leben gesehen haben.

Nach der Sonate gab es dann die belegten Brote, die er schon vorbereitet hatte. Wieder war der Krawattenträger nicht ganz zufrieden: "Frisch gemacht schmeckt's halt doch besser", ließ er sich vernehmen. Daraufhin führte ihn der Pianist in die Küche, um ihm dort nach eigenen Wünschen ein frisches Käsebrot zu erstellen. Wir unterhielten uns so lange über Weine, ließen uns einen lieblichen Mosel auftischen. Der Pianist wollte gerne fortfahren, doch ich rauchte mit der älteren Dame auf dem Balkon erst noch eine Zigarette.

Dann ging es weiter, die „Papillon" von Schumann, schließlich noch ein Debussy-Prelude. Alles wieder recht artig gespielt, wenn auch unspektakulär. Der Beifall von vier Personen klingt ja doch recht dünne, deswegen ließen wir es schnell bleiben, hielten uns lieber an die letzten Brote. Der Pianist schien nach seinem Vortrag nicht mehr ganz so zuvorkommend, jedenfalls machte er keine Anstalten, die leere Brotplatte aufzufrischen.

"Immer dasselbe", flüsterte ich dem Krawattenträger weltmännisch zu, "hinterher werden sie geizig."

Herr Lotz, der alte Menschenfreund, zog den etwas unglücklich wirkenden Pianisten noch ins Gespräch – allerdings nicht über Musik, sondern über die Vorzüge von Teppichböden. Wir saßen noch nett beisammen, rauchten noch eine, dann ging der Wein zur Neige. Als wir uns verabschiedeten (die ältere Frau wurde vom Pianisten, von dem wir nicht einmal den Namen wussten, noch nach Hause gefahren), stand ein Körbchen auf dem Flügel. Ich zeigte mich keineswegs geizig, wollte ihn aber auch nicht durch eine zu großzügige Spende übermütig machen. Er muss schließlich noch Einiges lernen.

Herr Lotz war einigermaßen angeheitert, dennoch machten wir unten an der Haustür noch einen neuen Konzerttermin aus. Dann trennten wir uns.

Also ich sehe nicht so schwarz für die Zukunft der Kultur. Neue Zeiten verlangen eben neue Sitten.

Abonnementskonzert

So ein Bühneneingang ist ungeheuer praktisch. Mit meinem Frack und der Bratsche fiel ich gar nicht auf, und als das Orchester die Bühne betrat, ging ich einfach mit und setzte mich auf irgendeinen Stuhl. Der Applaus des Publikums schmeichelte mir, nur der Oboist, der etwas verwirrt herumlief, da ich auf seinem Platz saß, störte den harmonischen Eindruck. Meine Sitznachbarn schauten mich verwundert an, doch da betrat der Dirigent das Podium, es wurde still im Saal und schon fing die Musik an.

Ich kratzte erst ein bisschen mit, langweilte mich aber bald, zumal alle anderen viel schneller spielen konnten als ich und auch viel höher. Um mich herum spielten alle wie besessen. Ich versuchte, mit dem Fuß das Notenpult meines Nachbarn umzuwerfen. Er wehrte sich zwar mit seinem Fuß, aber bei dem Gerangel fiel der Notenständer dann doch endlich um. Es gab einen herrlichen Knall und ein hohes Zischen, als die Noten über den Boden fegten. Mein Nachbar, nunmehr ohne Orientierung, hörte sofort auf zu spielen und schaute ängstlich auf den Dirigenten. Der hatte nichts gemerkt und wütete weiter mit seinem Stab herum. Also nahm ich meine Noten, die ich eh nicht lesen konnte, und warf sie mit aller Kraft hoch. Sie erreichten im Flug fast die Geigen, aber der sture Taktschläger merkte wieder nichts.

Mein Ehrgeiz war geweckt: Dieser humorlose Knabe da vorne musste doch irgendwann Notiz von mir nehmen! Ich stand auf, ging nach hinten zur Pauke, die gerade mächtig zu tun hatte. Zum Glück lagen auf einem Tablett noch unbenutzte Schlägel, so dass ich ein wenig mittrommeln konnte. Ich signalisierte dem überraschten Paukisten, er solle mir die kleinere Pauke überlassen und selbst nur auf der größeren spielen. Aber dieser Egoist haute immer wieder auch auf meine Pauke. So machte es keinen Spaß – verärgert schlug ich ihm mit meinem Schlägel kräftig auf den Bauch und schob ihn beiseite. Ich nahm alles, was an Stöcken da war und bollerte herum, bis mir die Arme wehtaten. Das machte ordentlich Spaß. Da warf mir der Dirigent einen tadelnden Blick zu. Endlich hatte er mich bemerkt!

Voller Freude lief ich zu den Becken, für die wohl niemand zuständig war, und warf so drei, vier Stück juchzend in die Luft. Es gab ein wunderbares Getöse, das wohl auch der eine oder andere im Publikum bemerkt hatte, denn einige Leute tuschelten miteinander.

Auch die Glockenspiele machten schöne Töne. Da die Gestelle Rollen hatten, konnte man sie anschubsen, so dass sie quer über die Bühne flitzten und scheppernd vom Podium herunterfielen. Jetzt musste ich unbedingt zu den Geigen, die gerade schrecklich hohe Töne spielten. Ich nahm die erstbeste Geige und zerschlug sie über dem Notenpult. Das klang schon besser. Auf eine zweite trat ich einfach drauf, ein Mordsspaß. Der Dirigent merkte von alledem wie immer nichts, schließlich waren ja noch genug Geigen da, außerdem lärmte das Blech gerade unverschämt laut.

Schnell lief ich hinüber, aber so eine Tuba ist halt sehr stabil. Sie bekam nur ein paar Beulen, obwohl ich mit der Posaune ordentlich dreinschlug.

Ich sah mich um: Jetzt saßen schon einige Musiker ohne Instrument untätig herum und blickten ausdruckslos in den Saal. Dann bemerkte ich die Celli. Wunderbare Idee: ein Cello mit dem spitzen Stachel in einen Kontrabass rammen. Da musste man sein ganzes Gewicht hineinlegen, denn so ein Bass hält schon was aus. Aber dann knackte ich ihn doch und konnte wunderbar in der Wunde herumstochern.

Ich merkte schnell, dass man die Kontrabässe einfach umstoßen konnte – die Musiker konnten sie gar nicht halten. Da lagen sie nun, alle acht, und waren gar nicht mehr zu gebrauchen, wie Flusspferde an Land – so schwerfällig sahen sie aus. Die Musik klang schon ganz anders als vorhin, so ohne Bässe. Hier gab es nichts mehr zu tun. Noch schnell ein paar Cellobögen zerbrochen, dann wieder hinüber zu den Geigen. Die konnte man herrlich am Griffbrett packen und in die Luft wirbeln. Und es gab ja so viele davon.

Schließlich spielte ich Zielwerfen. Zehn Geigen insgesamt brauchte ich – die Vorräte gingen schon zur Neige – bis ich endlich den Dirigenten traf. Besinnungslos stürzte er vom Podium.

Sofort hörten die Musiker auf zu spielen, es waren ja eh nicht mehr viele übrig. Gerade noch erreichte ich selbst das Dirigentenpodest, griff schnell den heiligen

Stab meines Vorgängers, da brauste auch schon tosender Beifall auf.

Ich war zutiefst gerührt und verbeugte mich tief. Das war schließlich *mein* Applaus.

Weltkulturerbe

Letztes Jahr schrieb ich ohne näheren Antrieb oder Anlass einen Brief an die UNESCO. Zugegeben, ich war wohl nicht ganz bei Trost, aber auch ein Konzertpianist hat seine schwachen Augenblicke.

Ich hatte zwei Wochen Beethoven-Sonaten hinter mir: intensivstes Üben, vertrackte Läufe, brutale Forte-Passagen – war einfach mit den Nerven ziemlich herunter. Das Glücksgefühl, das irgendwann beim Üben einsetzt, wenn man nämlich merkt: „Ja, es wird langsam!" – dieses Glücksgefühl blieb diesmal länger aus als sonst, und in weiteren zwei Wochen musste ich 12 Sonaten konzertreif drauf haben.

Nur aus dieser leicht verzweifelten Lage heraus lässt sich der Impuls von Galgenhumor erklären, der mich an den Laptop trieb, um an die UNESCO zu schreiben und für meine Beethoven-Interpretationen um den Status des Weltkulturerbes zu bitten. Haha, ein eher mäßiger Witz, nicht wahr? Ausgerechnet ich – ein, nun sagen wir, Provinzpianist. Mein Beethoven kann sich sicherlich hören lassen, aber es gibt ihn nicht auf CD, und er wird hundertfach anders, fehlerfreier, manchmal schneller und oft wohl auch besser gespielt.

Nun gut, nach dem spaßigen Schreiben an die UNESCO fühlte ich mich besser, hatte diese Sonaten irgendwann dann doch in den Griff bekommen. Einige Konzerte bestritten, nicht mal schlecht für meine Verhältnisse. Und erst als ich das Antwortschreiben der

UNESCO in Händen hielt, erinnerte ich mich daran, diesen irrwitzigen Brief tatsächlich auch abgeschickt zu haben.

Ein Sachbearbeiter bedankte sich für meinen Antrag und bat mich zur korrekten Bearbeitung, das beiliegende Formular auszufüllen. Erst dann könne er, nach inhaltlicher Prüfung, meinen Antrag an den deutschen Vertreter des Welterbekomitees weiterleiten. Wie bitte? Mein Antrag war nicht kommentarlos in irgendeinen Papierkorb gewandert, stattdessen auf den ordentlichen Dienstweg verfrachtet und nun in die wahrscheinlich spindeldürren Fingern blutleerer Bürokraten geraten, die ich kafkaesk genannt hätte, wollten sie mein Leben beenden und nicht meinen Ruhm mehren.

Zwölf Seiten mit unzähligen Fragen – ich überwand den Drang, das Ganze wegzuwerfen, da es ja sowieso nur ein Scherz gewesen war und nie und nimmer durchgehen würde. Aber nein, ich füllte das Formular gewissenhaft aus! Ob ich den Scherz durch seine Verlängerung nun besser machte oder schaler, ich bin einfach ein konsequenter Typ. Und das Formular war eine intellektuelle Herausforderung!

Genaue Bezeichnung des förderungswürdigen Objekts wurde da gefragt: Hier konnte ich ja nun schlecht „Beethoven-Sonaten" schreiben, denn die stammten schließlich wirklich nicht von mir. Also lieber: „Weitergabe des humanistischen klassisch-musikalischen Kulturguts in Form von Maßstäbe setzenden Interpretationen der Beethoven-Sonaten".

Beim nächsten Punkt hatte ich einfach Glück: Bei den Kriterien für die Aufnahme als Weltkulturerbe gab es eine Ankreuzliste der notwendigen Kriterien. Als erster Punkt wurde explizit genannt: *Ein Meisterwerk der menschlichen Schöpferkraft*. Was hatte ich nur für ein Glück, dass genau das die Überschrift einer Zeitungskritik war, die ich mir mit einem Klavierabend erspielt hatte. Als Anlage legte ich eine Kopie davon bei, schnitt allerdings die Passage weg, in der stand, dass ich in diesem Klavierabend Chopin und Schostakowitsch, nicht etwa Beethoven gespielt hatte!

Alleinstellungsmerkmal war die nächste Hürde. Die fiel mir einigermaßen schwer. Denn Beethoven wurde in allen Konzerthäusern der Welt rauf und runter gespielt, gut, schlecht, langsamer, schneller, lauter und leiser. Und ob nun meine Interpretation des verstorbenen Meisters nun so einzigartig oder herausragend waren – wer wollte das schon beurteilen. Ich las flink in den Richtlinien der UNESCO für die Durchführung des Übereinkommens zum Schutz des Kulturerbes der Welt nach und fand auch schon die Schlüsselbegriffe, die meine Bewerbung unbedingt enthalten sollte: Meine Interpretation der Klaviersonaten von Beethoven stellen *ein außergewöhnliches Zeugnis von einer kulturellen Tradition* dar, in ihrer pianistischen Konsequenz waren sie ein *Schnittpunkt menschlicher Werte*. Das klang einigermaßen beeindruckend und war kaum überprüfbar.

Zwei Seiten weiter wurde nach der Authentizität, also der *historischen Echtheit* gefragt. Kein Problem: Um gut klingende Worte war ich nicht verlegen: „Die Interpretation Beethovenscher Sonaten ist notwendigerweise historisch, weil sie Notentext und Gedankengut des 19. Jahrhunderts zur Geltung bringt, logischerweise aber auch zeitgenössisch, weil sowohl Interpret als auch Publikum Individuen des 21. Jahrhunderts sind. Mein Klavierspiel gerät dadurch zur Synthese beider Jahrhunderte. Erst die „Übersetzung" des historischen Tonkunstwerks in die Sprache unserer modernen Ohren besitzt den Rang wahrer Authentizität."

Ich war von meinen eigenen Worten einigermaßen angetan. Mit diesen Augen hatte ich mein Klavierspiel noch gar nicht gesehen.

Solchermaßen beflügelt, stellte das weitere Formular keine große Herausforderung mehr dar.

Integrität, also Unversehrtheit der Kulturstätte – auch dieses Problem löste ich im Handstreich, konnte mir dabei wiederum eine Rezension eines meiner Konzerte zunutze machen, deren Überschrift da lautete: „Beethoven – gleichmäßig und zuverlässig". Eigentlich hatte der Rezensent mein allzu gleichmäßiges geradezu mechanisches Klavierspiel kritisieren wollen, aber es war ihm nicht ganz geglückt. So konnte ich diese Kritik umdeuten zu einer exzeptionellen Qualität meines Klavierspiels – so wie ich heute Beethoven spiele, so auch in 20 Jahren, absolut gleichmäßig, also zuverlässig und *nachhaltig*, womit eine weitere „must have"-Vokabel des beginnenden 21. Jahrhunderts in meinen Antrag Eingang gefunden hatte. Fehlte im Grunde nur noch das Gender-Thema, aber auch das bekam ich in den Griff:

„Der Pianist versteht es wie kein anderer, männliches Haupt- und weibliches Seitenthema der Sonaten ihrer bürgerlich antiquierten Rezeptionsmechanismen zu entkleiden und sie in ihrer sexuellen Ausrichtung zu befreien."

Das klang ganz wunderbar nach momentan so angesagter geschlechtlicher Vielfalt, und damit deutlich besser als in einer unverschämten Rezension, die meine Beethoven-Interpretation bemängelte: „Dem Pianist geriet das Hauptthema seltsam androgyn, mithin zu langsam und zu weich, das so lyrische Seitenthema dagegen so kantig wie ein Testosteron-geschwängerter Bodybuilder".

Geradezu euphorisch schickte ich das Formular zurück und sah Beethoven mit anderen Augen. Selbst den abgedroschenen Werken, etwa der Mondscheinsonate,* konnte ich in den nächsten Konzerten etwas abgewinnen. Gleichsam als säße der Komponist neben mir auf der Klavierbank und nicke mir aufmunternd zu mit den Worten: „Sehr authentisch, Ihr Klavierspiel! Und so nachhaltig, bravo! Da könnte sich die UNESCO mal ein Scheibchen abschneiden!"

Nur kurz liebäugelte ich noch damit, auch einen Antrag auf Aufnahme in die *Liste des gefährdeten Erbes der Welt* beizufügen. Schließlich war ich nicht mehr der Jüngste, hatte meinen pianistischen Zenit wohl bereits überschritten. Nahm jedoch Abstand davon, man soll einen Witz nicht zu sehr strapazieren.

---

* *Mondscheinsonate, Appassionata, Les Adieux sind Namen berühmter Klaviersonaten von Ludwig van Beethoven*

Um mich kurz zu fassen: Ich hab's geschafft. Mein Klavierspiel hat nun den Rang eines Weltkulturerbes, wer hätte das gedacht! Seitdem hat sich mein Leben völlig gewandelt. Als mir klar wurde, dass der mir zugewiesene Sachbearbeiter der UNESCO, Herr Ling, ein Südchinese war, der offensichtlich keine Ahnung hatte, wer Beethoven war (schlimmer noch: dass Beethoven ein Musiker und nicht etwa ein schützenswertes Gebäude war), taten sich ungeahnte Einnahmequellen auf! Meine Eingabe, dass die sensible Architektur der Mondscheinsonate gefährdet sei, wurde positiv beschieden und der bestellte Maserati umgehend bezahlt – offensichtlich dachte Herr Ling, Maserati sei ein Stützbeton.

Heizkosten, Handwerkerrechnungen, Urlaubsreisen – mein Sachbearbeiter gewährte und unterstützte alles, ohne sich oder mich jemals zu fragen, was etwa die von der UNESCO bezahlte Party auf Galapagos mit Beethoven-Sonaten zu tun habe. Bemühte ich mich anfangs noch, viele Konzerte mit viel Beethoven zu geben, ließ ich in diesem Ehrgeiz allmählich nach. Wozu auch? Nirgendwo in meinen Weltkulturerbe-Dokumenten stand etwas von der Pflicht, soundso viel Konzerte zu geben.

Tantiemen und Künstlerhonorare hatte ich eigentlich gar nicht mehr nötig, weil jedes Konzert von mir als förderungswürdiges Projekt galt und ich dafür irre Gelder von der UNESCO einstreichen konnte.

Da ich gar nicht mehr auf Konzerteinnahmen angewiesen war, hörte ich allmählich auf mit dem Konzertieren, ja gänzlich mit dem Üben. Mein Klavierdeckel war nunmehr seit geraumer Zeit geschlossen, warum ihn öffnen?

Ich ging viel ins Café, spekulierte ein wenig an der Börse – auf UNESCO-Kosten und legte mir – Beethoven sei Dank – einen ansehnlichen Fuhrpark zu.

Und damit könnte die ganze Geschichte zu Ende sein.

Aber das Unfassbare ist geschehen: Gestern bekam ich Post von einem Herrn Schulz aus Wiesbaden. Ob Herr Ling nun pensioniert oder gestorben war, Herr Schulz stellte sich als sein Nachfolger vor, der nunmehr für mich zuständig war, und fügte eine Liste mit zu klärenden Rechnungsposten bei.

Was denn beispielsweise ein Maserati mit Beethovens Mondscheinsonate zu tun habe? Oder wie ich dazu käme, eine Villa mit Pool in Lloret de Mar als Beethovens Geburtshaus anzugeben und den Unterhalt als Museumskosten abzurechnen. Oder wie um alles in der Welt ich Herrn Ling hatte weismachen können, die "Appassionata" samt Liegeplatz vor Nizza sei eine Klaviersonate und nicht eine 18-Meter-Luxusyacht! Ach ja, und ob es ein Aprilscherz sei, dass ich seit Jahren jeden Sonntag in der Konzerthalle „Pizzeria San Marco" die viersätzige „Sonata Neapolitana" aufführe mit den vier Sätzen: *Bruschetta – Pasta Diavola – Scaloppine con moto e con Basilico – Tartufo?* So jedenfalls habe Herr Ling die wöchentliche Abrechnung verstanden. Insgesamt waren es 76 Posten mit Klärungsbedarf, knapp und streng formuliert.

Ganz klar, ich werde ihm nicht antworten.

Der Maserati ist vollgetankt, die Yacht liegt vor Anker und dank meiner geschickten Buchführung hat Herr Schulz offensichtlich nichts von der kleinen Insel vor Jamaika erfahren, die ich unter dem Namen „Moonshine Island" gekauft habe und die auf einschlägigen Seekarten gar nicht verzeichnet ist. Dort steht meine bescheidene Villa „Les Adieux". Jacuzzi, Barbecue, Golfplatz, nicht zu vergessen ein gut gefüllter Weinkeller – um mich brauchen Sie sich keine Sorgen machen.

Aber das wirklich Traurige an meinem Ortswechsel ist: Deutschland wird in Zukunft um ein Weltkulturerbe ärmer sein!

Die Nachgrinsdauer

Ist es nicht wirklich so, dass sich die Wissenschaft meilenweit vom Normalsterblichen wegbewegt hat? Dass sie Phänomene in den fernsten Winkeln des Universums oder in den winzigsten Partikeln eines Moleküls erforscht, Phänomene, die nur eine Handvoll Auserwählter auf dem Erdkreis verstehen können. Und dabei gäbe es noch so viel zu erforschen, was uns alle angeht, was uns alle interessiert und was wir alle verstehen könnten! Wäre es nicht endlich Zeit für eine neue menschennahe Wissenschaft?

Wohlan, ein bescheidener Beitrag, ein winziger Baustein: Ich möchte die Nachgrinsdauer untersuchen, ein Phänomen, was wir alle schon – vielleicht unter anderem Namen – an uns selbst beobachtet haben.

Worum handelt es sich?

Sie kennen es: Ihnen begegnet jemand im Vorübergehen, Sie heben winkend den Arm und lächeln. Sekunden vergehen, der Gegrüßte hat Sie längst passiert, Ihr Arm sich gesenkt, einige Schritte sind Sie bereits vorüber gegangen, doch dann ertappen Sie sich, wie Sie immer noch lächeln. Wie Ihre Gesichtszüge, als wären sie eingefroren, regungslos in der lächelnden Mine verharren. Das war kein Lächeln, merken Sie jetzt rückwirkend. Diese verkrampften Züge. Das war eine Grimasse, ein Grinsen. Als hätten Sie es eingeschaltet – in letzter Sekunde vermutlich, gerade noch rechtzeitig zum Grüßen – es ist eingerastet und bleibt, bis Sie es in einem bewussten Willensakt wieder lösen. Wenn sie es bemerken, entspannt sich das Gesicht in Sekundenbruchteilen wieder. Wie lange hat es gedauert, wie viele Sekunden ist Ihr Bekannter schon vorbeigegangen? Das ist die Nachgrinsdauer!

Wonach bemisst sich die Länge der Nachgrinsdauer, oder anders gefragt, welche Sorte Bekannte sind das, bei denen – wenn sie Ihnen begegnen – die Nachgrinsdauer so erschreckend groß ist, bis zu zwanzig Sekunden?

Sind es die guten Freunde, die besten Freunde, bei denen man so lange nachgrinst? Wie so oft trügt auch hier der erste Anschein. Die Formel wäre zu leicht: je netter, desto länger. Wer sich selbst beobachtet, müsste eher vom Gegenteil überzeugt sein. Wenn wir gute Freunde passieren, spannt sich das Gesicht zu einem Lächeln, lockert sich aber gleich wieder und weicht einem entspannten Gesichtsausdruck, in dem man allenfalls noch einen milden Widerschein erkennen kann. Das Lächeln hat sich nach innen verflüchtigt. Welche Sorte Mensch ist es, die dieses gefrorene Lächeln hervorruft, das man aufsetzt und sofort vergisst? Als wäre man es diesen Menschen schuldig, länger zu lächeln als bei anderen. Tatsächlich, man steht in einer Grinsschuld, man möchte etwas begleichen, etwas wiedergutmachen. Natürlich ist es ein unbewusster Vorgang. Das Lächeln gefriert, weil das Unterbewusstsein Besitz von ihm ergreift, eine Strategie.

Ist es ein Schutz? Dann müsste es nicht so lange nachwirken. Nein, es ist ein Schuldgefühl, das hier Abbitte leisten will.

Gehen Sie in sich: Warum grinsen Sie bei Ihrem Nachbarn A lange nach, beim Nachbarn B aber gar nicht? Die Erklärungsmöglichkeiten sind vielfältig. Sie haben von A schon viermal ein Ei oder ein Pfund Butter geschnorrt, es aber nie zurückgegeben. Oder, subtiler: Sie haben Abitur, A aber nicht. Vielleicht hat er neulich eine Party gefeiert, es war laut, es hat sie aber nicht gestört und Sie sind stolz, dass es Sie nicht gestört hat. Oder es hat Sie gestört, Sie wollen demnächst aber auch eine Party feiern. Oder einer seiner Gäste hat in Ihren Garten gekotzt, Nachbar A es aber sofort beseitigt. Oder es nicht beseitigt, es vielleicht überhaupt nicht bemerkt und Sie wollen auch nicht, dass er es bemerkt.

Sie merken, die Ursachen für eine erhöhte Nachgrinsdauer sind oft nicht eindeutig zu ermitteln. Nicht immer lassen sich rationale Gründe für eine Grinsschuld finden. Oft werden Sie vielleicht sogar das Gefühl haben, dass eben Ihr Nachbar A bei *Ihnen* nachgrinsen müsste, dass *er* eine Schuld hätte, statt umgekehrt. Dann ist es bei Ihnen eine Verlegenheitsschuld, die Sie zum Nachgrinsen bringt.

Auf jeden Fall: Sie können es sich nicht abgewöhnen! Animalische Urkräfte drängen beim Nachgrinsen ans Tageslicht, und Sie können sich nicht wehren. *Es* grinst in Ihnen!

Bevor Sie nun allzu heftig überlegen, wer von Ihren vielen Bekannten Sie zu längerem Nachgrinsen nötigt, sollten Sie auch einen Gedanken auf die Frage verschwenden, wie es umgekehrt aussieht. Wer sind Ihre

Schuldner? Wen treiben Sie durch bloßes Vorübergehen in eine eilige Grinsschuld?

Spätestens jetzt sollte Ihnen klar sein, dass wissenschaftliche Erkenntnis ihren Preis hat. Die Zeiten, da Sie in naiver Unschuld jemandem auf der Straße freundlich lächelnd begegnen, dürften mit diesen Zeilen endgültig vorbei sein.

Die Professur

Ich gebe zu, es kam überraschend. Das heißt aber nicht unverdient. Sondern nur unerwartet, weil ich solche beruflichen Perspektiven niemals vorher in Betracht gezogen und wohl auch meine wissenschaftlichen Qualitäten bescheiden unterschätzt habe. Ein Quereinsteiger würde man sagen, der nicht den üblichen universitären Einheitsweg hinter sich hat. Erfrischend anders, könnte man sagen. Hat schon was vom Leben gesehen. Mögen andere es kommen gesehen, ja geradezu für längst überfällig gehalten haben: Als mir das Angebot ins Haus flatterte, war ich überrascht und fühlte mich geschmeichelt.

Eine Professur!

Ein *Lehrstuhl für Gegenwartsfragen*, genauer: die *Poesie des Alltäglichen*.

Das klang gut, darüber hinaus allerdings blieb der Ausschreibungstext erstaunlich vage. Was genau das wissenschaftliche Betätigungsfeld sein würde, blieb im Dunkeln. Von *Manifestation der Gegenwart* war da die Rede, und von einer *Demonstration des Subjektivismus in Kultur und Sozialisation*. Irgendwie klang das schon nach mir, trotz oder wegen aller Unschärfe. Hatte ich nicht all die Jahre irgendwie genau darüber geforscht? Im Bewerbungsgespräch erfuhr ich inhaltlich nicht viel mehr, eigentlich nur, dass man sehr an meiner Person interessiert war, die Stelle geradezu auf meine Person zugeschnitten sei und ich als zukünftiger Professor ziemlich freie Hand habe, Stellenprofil, Arbeitspensum und den Kontakt mit den Studenten meinen Vorstellungen gemäß zu gestalten.

Wohlan, ich habe die Professur bekommen und ich habe sie meinen Fähigkeiten und Neigungen entsprechend zugeschnitten. Zunächst einmal habe ich den Kontakt mit den Studenten auf das allernötigste Mindestmaß reduziert, denn das liegt mir nicht. Ich bin eigentlich ein Misanthrop, der in Ruhe gelassen werden möchte, was soll ich mich da durch Seminare und Vorlesungen quälen. Stattdessen stellte ich mir eine *Manifestation der Gegenwart* am Schreibtisch vor, zunächst jedenfalls. Mein Büro liegt im 7. Obergeschoss des Philosophikums, direkt gegenüber des Lehrstuhls für „investigative Transzendenz". Hierhin verirrte sich selten jemand. Ich begann meine Arbeit vor drei Monaten also damit, manifest zu wirken. Ich tat jeden Handgriff, jede Bewegung und jede Geste bewusst, quasi symbolisch, als Manifestation des Gebräuchlichen. Gegenwart verstanden als die integrale Summe des Althergebrachten, des Schon-immer-so-Seienden, allerdings, und das war kein unvermeidlicher Schönheitsfehler, sondern ein programmatischer Fingerzeig, gekleidet in den Verhaltenskodex eines durchaus subjektiven Individuums.

Dabei kam es mir ganz entscheidend darauf an, das fragliche Individuum – also mich selbst – nicht als ein herausgehobenes, der sozialen Gegenwart entrücktes Wesen zu begreifen, sondern es im Gegenteil ganz in den Kontext zu stellen, den man als typisch oder gebräuchlich oder eben gegenwärtig kennt. So gesehen verbot sich ein allzu elitärer wissenschaftlicher Diskurs mit Kollegen oder Studenten – die Aufsummierung meiner Eindrücke hätte zwangsläufig ein verzerrtes soziologisches Bild ergeben, quasi ein Integral mit Schieflage.

Fachzeitschriften wanderten ungelesen in den Papierkorb. Eigene Veröffentlichungen schienen mir kontraproduktiv, das akademische Leben durfte mich nicht interessieren, wollte ich mein Fachgebiet ernst nehmen. Dagegen erwies sich der Besuch von Kino, Zoo oder auch nur ein Einkaufsbummel während der Dienstzeit als ein hervorragender Akt von demonstrativer Schlichtheit und – auf analytischem Wege unerreichbarer – Normalität.

Nie war das Bewusstsein schärfer für die Alltäglichkeiten der Gegenwart, als wenn ich dienstags um 9.40 Uhr (montags nahm ich mir immer frei), nachdem ich meine dünne Aktentasche im Büro abgestellt hatte, unbeschwert durch die Innenstadt bummelte. Und nie ward je auf poetischerem Wege eine Bratwurst verzehrt als von mir, zelebriert als ein bewusster Akt postakademischen Handelns und Forschens.

Jawohl, ich suchte mir meine Bühne, stellte mich mit meinem Bratwurstpappteller mitten in die Fußgängerzone und aß mit aufreizender Langsamkeit und poetisch überhöhten, bewusst gestalteten Bewegungen meine Wurst. Und weidete mich an der vollkommenen Bedeutungslosigkeit meiner Handlungen, die im Übrigen – thematisch dazu völlig passend – von meinem Publikum gänzlich unbeachtet blieben. Das war Gegenwart!

Kein Zweifel, meine Arbeit machte rasante Fortschritte. Da ich nicht das der Attitüde des abstrakten Denkens verpflichtete Büro, sondern – revolutionär genug – das wirkliche gegenwärtige Leben der Straße als meine Arbeitsstätte begriff, wurde ich binnen kürzester Zeit zu einer wissenschaftlichen Autorität auf meinem Gebiet. Von wissenschaftlichen Publikationen in Fachzeitschriften sah ich natürlich ab, da sich zum einen noch kein Fachorgan meinem Spezialgebiet der alternativen Gegenwartsforschung widmete, da zum anderen aber ein Essay in Fachzirkeln ja geradezu kontraproduktiv, weil elitär, wäre. *Manifestation der Gegenwart* durfte von mir nicht als wissenschaftliche Analyse und intellektuelles Wortspiel verstanden werden, sondern als Aufruf praktischer Empirie. *Auf zur Bratwurst*, hieß mein propädeutischer Schlachtruf, und nicht: *An den Schreibtisch!*

Dies alles ermutigte mich in jüngster Zeit doch zu einem vorsichtigen Kontakt zu Studenten. Ich bot ein Seminar an mit dem etwas sperrigen Titel:

Poesie, Bewusstsein und Gegenwart – Symbiose oder Widerspruch?

Fünf Studenten höheren Semesters ließen sich durch den Titel nicht abschrecken und konnten nun wöchentlich an meinen Erkenntnissen partizipieren. Da es ein Seminar war, verzichtete ich bewusst auf jegliche Fachvorträge, sondern wollte die Studenten möglichst vom Leben selbst lernen lassen.

So ließ ich sie etwa eine Chronik und ein Kompendium des Banalen anfertigen, in dem sie selbst Banales sammelten und ordneten und begründeten und verwarfen, bis sie – spät genug – erkannten, dass ihre Arbeit die unüberbietbare Spitze der Gegenwartsbanalitäten war. Ein ganz wichtiger Lern- und Forschungserfolg!

Oder ich brachte eine Portion Pommes mit, die ich auf meinem Katheter demonstrativ langsam verzehrte, und ließ meine Studenten aufschreiben, was sie sahen und wahrnahmen. Und wiederholte diese Übung die darauf folgende Woche wieder, weil mir die Ergebnisse noch ungenügend waren.

Ich glaube trotz aller Bescheidenheit, dass meine Arbeit Früchte trägt. Nie zuvor war die Gegenwart vor meiner Zeit gegenwärtiger, nie zuvor waren Taten und Gedanken manifester, standen die Menschen fester in ihrer Zeit mit ihren Gebräuchlichkeiten. Die Gegenwart, auf dem Zeitstrahl zwischen Vergangenheit und Zukunft ohnehin nur ein schmaler Grat, nur der Wimpernschlag eines Gedankens, ist dank meiner Forschung noch schmaler geworden. Schärfer und damit unverwechselbarer. Mehr Gegenwart als heute war nie! Und damit zwangsläufig auch nie mehr Poesie als heute. An dieser Entwicklung hat meine Arbeit als Professor ihren bescheidenen Beitrag geleistet, dennoch werde ich mich nicht zurücklehnen – man hat mir bereits eine zweite Professur übertragen. Und dies aus ganz praktischen Erwägungen: Der Lehrstuhl für die „investigative Transzendenz" (Sie erinnern sich – das Büro gegenüber) ist verwaist! Genauer gesagt hat man festgestellt, dass Name und Büro zwar existieren, der letzte Stelleninhaber aber bereits vor mehr als 10 Jahren verstorben ist. Deswegen war es auch immer so ruhig auf meinem Stockwerk. Ich habe diesen Lehrstuhl kurzerhand übernommen und nenne nun das ganze Stockwerk mein Eigen. Während sich also die Bürosituation sehr erfreulich entwickelt hat, bin ich thematisch noch auf der Suche. Was genau investigative Transzendenz sein könnte, hat sich mir noch nicht recht erschlossen. Aber es klingt erst einmal gut und der Mensch wächst ja bekanntlich an seinen Aufgaben.

Offensichtlich ist aber: Wo bislang nur Beobachtung mein Auftrag war, Analyse und Deduktion, so ruft mich mein zweiter Lehrstuhl nun dazu auf, hinter die Welt der manifesten Gegenwart zu blicken und mit ihr in Kontakt zu treten. Jawohl, ich trete in Kontakt zu meiner Bratwurst! Sehe sie nicht länger als stoffliches Objekt meiner Begierde, sondern höre ihr zu, spreche mit ihr und – aber ja doch! – lerne von ihr. Noch fällt es mir schwer, es in Worte zu kleiden, doch ich spüre sie deutlich, die geheimnisvolle Verbindung zwischen mir und der Wurst.

Publikum

Nachdem die Frau schon den Fuß auf der Schwelle hatte, schaute sie sich noch einmal verstohlen um, als wolle sie sicher gehen, dass niemand sie beobachtete. Nur ein Reflex – der Blick war zu kurz, um tatsächlich einen Passanten erkennen und gegebenenfalls noch reagieren zu können. Aber eine Beruhigung des eigenen Gewissens. Als wäre der Laden, den sie betrat, eine anrüchige Klitsche, eine Sex-Boutique oder etwas dergleichen. Doch von außen sah das Geschäft gediegen und seriös aus, eher wie eine Pietät. Ein kleines Schaufenster mit einem weißen Vorhang über Kopfhöhe und einer Auslage, die Rätsel aufgab. Da schwebte ein kindsgroßer weißer Violinschlüssel im Fenster, offensichtlich aus Styropor – ähnlich wie in den geschmacklosen Fenstern von Vorstadtpietäten (nur war es dort ein weißes Styroporkreuz). Und – ebenfalls wie dort – lag ein schlichtes Blatt Papier aus, auf dem die kryptischen Worte standen:

Publikums-Agentur Stölzl
Gestaltung von Konzerten aller Art
Erledigung aller Formalitäten
Diskretion garantiert

Es fehlte nur noch der Trauerflor um das Papier. Und dieses merkwürdige Geschäft betrat die Frau, die sich offensichtlich dafür schämte. In hohem Maße unauffällig gekleidet, ein Faltenrock umspielte die strammen Waden, ein Mantel bedeckte großzügig den Leib und gab nur ein ebenfalls faltiges Gesicht frei, das unablässig die Stirn zu runzeln schien.

Kaum stand sie drinnen, musste sie sich erst an die fahle Beleuchtung gewöhnen, schemenhaft tauchte vor ihr der übergroße Schreibtisch mit dem hageren Mann dahinter auf, dessen Wangen eingefallen und dessen Brille viel zu groß und zu sportlich für ihn war. Die Frau hielt ihre Handtasche vor der Brust, als könne sie ihr gleich entrissen werden. Der Raum war tatsächlich nur mit diesem Schreibtisch ausgestattet, einem schäbigen Sessel davor und dem Mann, der die Besucherin forsch angrinste, sie mit dünnen Fingern herbeiwinkte und zum Sitzen einlud.

"Was kann ich für Sie tun?"

Seine brüchige Stimme passte eher zu den eingefallenen Wangen als zu der sportlichen Brille.

Die Frau musste noch einmal tief durchatmen, ehe sie sich zum Sitzen durchringen konnte. Doch dann schien sie entschlossen, ihr Anliegen mutig und zügig vorzutragen. Sie setzte sich.

"Sie helfen bei Konzerten aus?"

"Gewiss." Der Mann grinste immer noch. "Um was für ein Konzert handelt es sich?"

"Nun, wissen Sie, bisher haben wir unsere Konzerte immer alleine veranstaltet. Ich meine unseren Kirchenchor aus Dorzelbach. Ich bin die Erste Vorsitzende."

Der Mann nickte langsam. Diese Art Eröffnung schien er zu kennen, er ließ die Frau aussprechen.

Die Vorsitzende, sie mochte an die Sechzig sein, schluckte. "Wir organisieren es auch jetzt wieder alleine, aber ..."

Hier entstand eine Pause, die der hagere Alte genüsslich auszukosten schien, bevor er ihren Satz vollendete.

"Sie brauchen Publikum."

Die Frau nickte wortlos, ohne ihn anzusehen. Der Alte nickte auch, professionell verständnisvoll. Dann sprach die Frau plötzlich ganz schnell.

"Nicht, dass wir kein eigenes Publikum hätten. Unser Chor ist immerhin über hundert Jahre alt, ein Traditionsverein mit über 230 passiven Mitgliedern und 37 aktiven Sängern! Wir sind ein guter Chor, das können Sie mir glauben. Aber – es wird immer schwieriger, heutzutage noch die Kirche für ein Konzert voll zu bekommen. Es gibt einfach zu viele Veranstaltungen, zu viele Fernsehprogramme, zu viele Freizeitmöglichkeiten. Wer geht da schon in ein Konzert vom Dorzelbacher Kirchenchor!"

Der Mann nickte wieder oder immer noch.

"Die letzten beiden Konzerte waren einfach ganz schlecht besucht, das ist nicht gut für den Verein. Was sollen die Passiven denken? Uns laufen die Sänger weg, vor allem die jungen, wenn sie in der leeren Kirche singen. Und die Presse erwähnt es auch immer durch die Blume, dass der Kirchenchor nicht den Nerv der Zeit trifft, stellen Sie sich das einmal vor!"

Der Alte stellte es sich vor, das schien zumindest die gerunzelte Stirn nahe zu legen. Auch sein permanentes

Grinsen bekam eine betrübliche Färbung. Aber er sagte nichts. Die Frau war offensichtlich noch nicht zu Ende.

"Natürlich machen wir Werbung. Es hängen Plakate beim Metzger, beim Bäcker, im Rathaus, eigentlich überall im Dorf, wo Leute vorbeikommen. Wir vom Vorstand schärfen unseren Sängern immer und immer wieder ein, dass jeder mindestens fünf Leute mitbringen muss beim Konzert. Das muss doch möglich sein. Eltern, Kinder, Bekannte. Bloß fünf! Dann wäre die Kirche zumindest schon halb voll."

"Aber die Kirche ist leer?" Der Alte brach sein Schweigen.

Die Frau sah durch ihn hindurch und nickte. "Fast. Unsere Sänger kaufen brav je fünf Karten und scheinen sie daheim in den Müll zu werfen statt sie zu verteilen. Vielleicht schämen sie sich. Oder sie verschenken sie an Verwandte, die dann am Konzertabend aber doch lieber fernsehen." Nun senkte sie niedergeschlagen den Kopf und schwieg brütend.

Jetzt aber wurde der Mann lebendig. Er holte einen Notizblock aus einer Schublade und schrieb mit flinken Fingern einige Zahlen auf.

"Wie viele Sänger sagten Sie? Wie viele Plätze hat die Kirche? Wie viel Publikum hätten sie gerne?"

"Mit hundert Leuten wäre uns schon geholfen. Was würde das denn kosten?"

Der Mann kritzelte auf dem Block herum und schüttelte den Kopf. "Das kommt darauf an, da muss ich schon genauer wissen, was Sie wollen."

Die Frau schien irritiert. "Nun, halt Publikum. Hundert Stück."

Der Mann lehnte sich zurück, eine Geste, die wohl Weltläufigkeit und Seriosität ausstrahlen sollte. Und drehte den Bleistift zwischen den Fingern, als könne er ihn damit spitzen.

"Nun, Publikum ist nicht gleich Publikum, wir hätten da verschiedene Sorten."

"Sorten?"

"Ja gewiss. Je nachdem, wie viel Sie ausgeben wollen, können wir verschiedene Qualitäten liefern."

"Ach so, natürlich. Was gibt es denn da so?"

"Nun, wir haben Tschechen, Russen oder auch Italiener. Wenn Sie ein flotteres Programm machen, würde ich Ihnen zu Südeuropäern raten, die gehen besser mit. Und klatschen lauter."

Wiederum griff die Frau nach ihrer Handtasche, als wolle sie gleich fliehen. "Haben Sie nur Ausländer?"

"Nun, was heißt Ausländer, das sind Europäer! Aber wenn Sie gebürtige Deutsche wollen, wird es richtig teuer, das können Sie sich ja sicher denken. Allein die Lohnnebenkosten. Und besser sind die auch nicht, sind wir doch mal ehrlich."

"Ja freilich, mir wäre das ja ganz egal, ich habe ja nichts gegen Ausländer. Aber wenn ich so an unseren Chor denke oder an die Leute vom Dorf."

"Ich denke, die kommen nicht in ihr Konzert! Aber mal im Ernst: Meinen Russen sieht man das nicht an, das es keine Deutsche sind. Ich liefere Ihnen da schon Qualität. Die sind alle sauber rasiert, ich kontrolliere persönlich, dass sie nicht zu viel von diesem scheußlichen Rasierwasser nehmen, das es da drüben gibt. Sie sind gut gekleidet, da gab es noch nie Beschwerden. Und sie reden untereinander nicht russisch, sie reden überhaupt nicht."

Die Frau schien noch nicht ganz beruhigt. Noch immer presste sie ihre Finger in das Kunstleder der Handtasche. "Aber die verstehen doch wahrscheinlich nichts von Musik."

Nun rückte der Mann wieder nach vorne, um mit der Frau ganz vertraulich zu sprechen, Auge in Auge.

"Mal ganz ehrlich – wie sachkundig ist denn sonst Ihr Publikum? Hauptsache ist doch, sie sind ruhig, sitzen gerade auf der Bank, sind einigermaßen angezogen, stinken nicht und applaudieren am Schluss ordentlich. Und das tut mein Publikum, ob Russen oder Tschechen, dafür garantiere ich."

Die Frau schien noch immer nicht beruhigt.

"Aber wenn jemand etwas merkt?"

"Wer soll was merken? Die Presse wird einen Teufel tun und etwas von gekauftem Publikum schreiben. Keine Angst, da gab es bereits einen Musterprozess. Wir wollen schließlich auch leben. Und was der Fotograf, der Ihre gemieteten Russen ablichtet, privat denkt, das kann Ihnen doch völlig egal sein."

"Ja schon, aber was ist mit unserem Chor?"

"Das müssen Sie selbst wissen. Ob Sie die Leute einweihen und sagen: Hört zu, da kommt eine Busladung von Leuten, die sind nicht aus dem Ort. Ob Sie etwas erfinden von persönlichen Verbindungen über mehrere Ecken oder einfach sagen, dass sie hundert Mann gemietet haben, das ist Ihr Bier, da rede ich Ihnen nicht herein. Aber das ist keine Schande."

"Machen das denn auch andere?"

Der Alte musste lachen und kramte aus einer Schublade einen dicken Ordner hervor, den er auf den Tisch knallte, ohne ihn jedoch zu öffnen.

"Hier. Diese Mappe ist voll von Aufträgen allein von Chören ihrer Region aus dem letzten halben Jahr. Nehmen Sie was Sie wollen: Einweihung des Dorfbrunnens, Weihnachtskonzert, Verabschiedung des alten Bürgermeisters, Ehrung der verdienten Sänger, Schützenfest und so weiter. All diese Veranstaltungen haben wir beliefert, nahezu jeder Verein ist bei uns Kunde. Und ganz im Vertrauen: Ich habe Sie eigentlich schon viel früher hier erwartet. Wissen Sie, ich verfolge natürlich die Presse. Und nach den letzten Rezensionen Ihrer schwach besuchten Konzerte war es mir klar, dass Sie irgendwann kommen würden. Das ist keine Schande, das ist der Zug der Zeit."

Die Erste Vorsitzende lockerte den Griff um ihre Handtasche und ließ die letzten Dorffeierlichkeiten vor ihrem geistigen Auge Revue passieren. Schienen da nicht leichte Nebelschwaden von russischem Rasierwasser vorüber zu ziehen, damals beim Maibaumstellen oder beim Feuerwehrfest? Und hatten nicht beim letzten Konzert des Akkordeonvereins „Lyra" in der Reihe hinter ihr merkwürdig gekleidete Menschen in einer völlig unverständlichen Sprache vor sich hin gemurmelt? Selbst die Einweihung des neuen Dorfbrunnens unter

Leitung des Bürgermeisters erschien ihr nun in einem anderen Licht, zumal sie sich schon damals über die beiden Busse mit den ausländischen Autokennzeichen gewundert hatte, die verschämt am Ortsrand geparkt hatten. Wenn sie sich nicht ganz irrte, hatten ein paar Besucher einen arabischen Einschlag. Mein Gott, der Bürgermeister hatte offensichtlich gespart!

"Der Zug der Zeit – mag sein, aber da gibt es auch noch die finanzielle Seite. Wissen Sie, wir laden uns immer einen Sänger ein, der solistisch ein paar Lieder singt. Das ist schon ziemlich teuer, was so ein Profi nimmt."

Jetzt wurde der Alte wieder geheimnisvoll und beugte sich vor.

"Wissen Sie was: Sie nehmen einfach für das nächste Konzert einen etwas billigeren Sänger. Einen, der nur die Hälfte kostet. Auch wenn der schlechter singt. Das macht nichts – mein Publikum applaudiert sowieso, egal wie Ihr Chor oder der Solist singt. So geben Sie insgesamt das Gleiche aus, haben dafür aber ein volles Haus! Na, ist das eine Rechnung?"

Die Frau verzog angewidert die Miene. "Ich weiß nicht, wir sollen an den Musikern sparen?"

"Natürlich. Was nützt es Ihnen, wenn ein Tenor gut, aber niemand da ist, ihn zu hören! Anders herum haben Sie mehr Beifall und die Presse wird Ihren Chor noch – im Vergleich mit dem eher mäßigen Tenor – loben!"

Jetzt entstand eine Pause. Die Frau konnte keine rationalen Gründe mehr ins Feld fühlen, und doch fühlte sie sich nicht wohl. Doch der Alte fühlte bereits, dass er gewonnen hatte, er kannte die Not der Kulturschaffenden. Betont langsam holte er einen Vertragsentwurf hervor, der fertig formuliert war, auf dem aber noch einige Optionen einzutragen waren.

"Also, wie viele Leute wollen Sie?"

"Hundert." Die Antwort kam leise und gepresst.

"Gut. Und welche Nationalität?"

"Russen. Aber wirklich ohne Rasierwasser. Das passt nicht in unsere Kirche."

"Selbstverständlich. Was ist mit der Kleiderordnung? Wir hätten da drei verschiedene Kategorien: *Standard, Elite* und *VIP*. Wenn Sie wollen, kann ich Ihnen auch unser Musterbuch zeigen. Da sind die einzelnen Kategorien abgebildet."

Die Frau winkte angewidert ab: "Nein nein, bitte nicht. Das ist ja wie auf einem Sklavenmarkt! Unser Publikum hat sonst immer Mäntel an, weil die Kirche eher kühl ist. Aber sonst schon so mit Krawatten und sonntägliche Kleidung eben, so etwas bräuchte ich."

"Also *Elite*, ich schreibe extra: mit Mänteln! Wollen Sie normalen Applaus oder frenetisch? Mit oder ohne Bravorufen? Sollen auch Buh-Rufe erlaubt sein? Standing Ovations? Rhythmisches Klatschen?"

Die Frau sperrte die Augen auf. "Du lieber Gott, darüber habe ich mir keine Gedanken gemacht. Halt Applaus!"

"Na gut, sagen wir freundlicher Applaus mit einzelnen Bravorufen, sitzend, ohne rhythmisches Klatschen. Jetzt brauche ich nur noch das Abendprogramm von Ihnen."

"Wozu brauchen Sie das denn?"

"Nun, wenn da hundert Russen sitzen, die kein Wort von dem verstehen, was da gesungen wird, muss ich die vorher einweisen. Dazu brauche ich eine Programmabfolge mit genauen Hinweisen, wo geklatscht werden soll und wo nicht. Bitte vergessen Sie nicht eventuelle Begrüßungen oder Grußworte. Sie wollen doch schließlich nicht, dass der Landrat eine feierliche Ansprache hält und dem Chor einen Scheck überreicht, und das Publikum keinen Mucks von sich gibt, weil es Anweisungen hat, nur nach den Musikbeiträgen zu klatschen."

Der Alte hatte bereits diskret den Finger auf die Stelle des Vertrags gelegt, wo die Frau unterschreiben sollte. Das tat sie auch mit einem leisen Seufzer.

"Hoffentlich ist das richtig, was ich gerade tue."

"Ganz gewiss. Das ist der Anfang einer fruchtbaren Zusammenarbeit. Die Zeiten ändern sich, und auch Traditionsvereine müssen neue Wege gehen. Sie werden sehen: Mit dieser Unterschrift haben Sie Ihrem Chor das Überleben gesichert."

Und mit diesen Worten geleitete er die Frau nach draußen, wo sie das unbarmherzige Tageslicht und die anonyme Masse von geschäftigen Großstadtmenschen empfing.

Musiktherapie

Mein Mann sagt, ich sei leichtgläubig. Ich nenne es Offenheit gegenüber Neuem. Mein Mann spricht von Wehwehchen. Ich nenne es multiples Schmerzsyndrom. Für meinen Mann sind meine vielen Arztbesuche, meine Krankengymnastik und Therapiesitzungen bloß ein Hobby. Nein, das Wort Hobby kann ich nicht gelten lassen, denn es unterschlägt die medizinische Notwendigkeit all meiner Bemühungen.

Ich führe eine Art Krankentagebuch, von dem mein Mann nichts weiß, weil er ihm sonst Namen geben würde, die ich nicht hören möchte. Darin vermerke ich alle Therapien, alle Ärzte und alle einzelnen Sitzungen. Ich gebe zu, es dient nicht nur der Protokollierung medizinischer Erfolge, ich vermerke auch die Begleitumstände und die Atmosphäre, um ein rundes Bild zu erhalten – dafür haben Männer keinen Sensus. So steht etwa bei meiner einzigen Bachblüten-Sitzung: „Hat gar nichts geholfen. Widerlicher Geruch. Aber das Behandlungszimmer war angenehm toskanisch eingerichtet. Mosaikfliesen in Terrakotta-Tönen."

Oder bei meiner letzten Klangschalentherapiesitzung: „Herrlicher Klang! Ich komme trotzdem nicht mehr wieder. Therapeut hat eine zu feuchte Aussprache. Fühle mich bespuckt. So ist keine Heilung möglich!"

Die Krankenversicherung, die mir mein Mann angedeihen lässt, bezahlt wirklich alles. Diesen Luxus genieße ich und nutze ihn weidlich und mit wissenschaftlichem Forschertrieb aus. So kam ich an Herrn Labonté, von dem ich erzählen will.

Musiktherapie. Rheuma, Gelenkschmerzen, Krankheiten aller Arten. Garantierte Heilung – das las ich beim zufälligen Vorübergehen auf einem schlichten Messingschild. Die geradezu billige Schmucklosigkeit des Schildes kontrastierte auf merkwürdige Weise mit dem ungeheuren Anspruch, den es formulierte. „Garantierte Heilung" – und das durch Musik! Diese Vermessenheit musste mich herausfordern. Also buchte ich telefonisch eine erste Sitzung, ohne zu wissen, worauf ich mich einließ.

Ausgeruht und neugierig saß ich Herrn Labonté also gegenüber und war zunächst erschrocken. Er sah deutlich kränker aus als ich: hohlwangig, völlig abgemagert, die Augen in tiefen dunklen Höhlen, ein rasselnder Atem und riesige spindeldürre Hände mit schuppiger Haut. Aber was diese Hände zuwege brachten!

„Bitte beschreiben Sie mir genau ihre Leiden", knarzte seine stockende Stimme, während er die Augen geschlossen hielt. Als ich ihm einen kurzen Überblick über verschiedenste Schmerzen und Gebrechen gab, stöhnte er, als ob ihm meine Schmerzen gerade in die Glieder fuhren. So ließ ich einige Krankheiten aus, um ihn nicht zu überfordern. Er nickte bedächtig mit dem Kopf und bewegte sich dann schleppend zum Flügel.

„F-Dur müsste es sein, Andante, nicht zu langsam. Vielleicht eine Spur Polyphonie, eher tiefe Lage, Legato." Schon wieder hatte er die Augen geschlossen, so dass ich mich nicht traute, nachzufragen, was denn diese merkwürdigen Äußerungen zu bedeuten hatten. Doch dann erhob er sich zielstrebig, ging zum Notenregal und entnahm einen speckigen Band alter Noten. „Schubert Impromptu, das müsste wirken."

Immer noch verstand ich nicht, was er vorhatte, doch Herr Labonté setzte sich schon an den Flügel, spreizte seine Spinnenfinger und ließ sie über die Tasten gleiten. Er spielte Schubert.

Zunächst hörte ich bloß zu, dann spürte ich die Wirkung in mir. Keine Tablette, keine Massage, nichts bisher brachte solch eine Wirkung hervor, wie ich sie beim Hören dieser Musik verspürte. Als würden meine Knochen von innen gestreichelt und gestärkt, meine Muskeln gelockert und massiert, mein Körper entschlackt und aufgerichtet. Es war geradezu unheimlich. Und als die Musik endete und Herr Labonté die Hände in den Schoß nahm, fühlte ich mich wie verjüngt. Er allerdings sah um Jahre älter aus, als hätte er selbst meine Leiden übernommen. Mit krummem Rücken und eher wortkarg verabschiedete er mich, murmelte noch etwas von „bei Bedarf wiederkommen" und schloss die Tür hinter mir.

Nun, er kannte mich nicht und nicht meinen unersättlichen Bedarf. Konnte natürlich nicht ahnen, dass ich nach wenigen Tagen, nachdem ich einen hymnischen Bericht in mein Krankentagebuch geschrieben hatte, bereits wieder Lust verspürte, also Schmerzen, um ihn baldmöglichst wieder aufzusuchen. Die nächste Sitzung verlief der ersten sehr ähnlich. Aus dem Vollen schöpfend erwähnte ich diesmal etwas andere Schmerzen und Krankheitsbilder. Im gleichen Tonfall wie letztes Mal flüsterte er: „Haydn, ganz klar. Aber welche Tonart? Es müsste Moll sein, mit einer Ausweichung nach G-Dur. Wo finde ich das? Die D-Dur-Sonate? Nein, das zweite Thema ist zu dominant. Also lieber ein Menuett – ja, das ist es: das G-Dur-Menuett!"

Und wieder diese herrliche Musik, dieses Jungbrunnen-Gefühl, während der Pianist und Therapeut vor mir verkrümmt am Flügel meine Leiden in sich aufnahm.

Ich mache es kurz – ich wurde Herrn Labontés beste Kundin. Wöchentlich ließ ich mich im Sessel nieder, lauschte seiner Musik, die mich gesundete und verjüngte.

An dieser Stelle sei erwähnt, dass ich selbst ein wenig Klavier spiele, schon seit Kindheitstagen. Daher bin ich nicht ganz unerfahren und versuchte schon bald das System zu finden, nach dem dieser Zauberer das Musikstück fand, das mir Heilung versprach. Denn es war offenkundig, dass die Wirkung nicht etwa seiner pianistischen Virtuosität zu verdanken war, sondern eher dem Gespür für genau das eine Musikstück, das dem Patienten mit seinem speziellen Leiden helfen konnte.

Zunächst schienen mir rheumatische Leiden häufig mit Beethoven, Verdauungsprobleme mit Mozart und Kopfweh vor allem mit Schumann geheilt zu werden. Aber was war mit den Tonarten? Warum immer wieder H-Dur bei Juckreiz oder Staccato bei Hautausschlag? Presto gegen Verstopfung, Triller gegen Frauenleiden und Dominantseptakkorde gegen Fußpilz? Ich kam jedenfalls analytisch nicht hinter das System. Aber ich entwickelte so etwas wie ein eigenes Gespür. Ja, immer häufiger saß ich daheim, las genüsslich in meinem Krankentagebuch von Schmerzen, Defekten und Leiden, und plötzlich kamen mir Melodien in den Kopf. Schubert, Schönberg und Schostakowitsch. Sonaten, Fugen und Mazurken. Das waren nicht länger bloß Musikstücke, es waren Medikamente, und ich war ihrer Wirkung auf der Spur.

So kam es, dass ich mich irgendwann sicher genug fühlte, selbst therapeutisch zu handeln. Als nämlich mein Mann eines Tages über einen steifen Nacken klagte, den er sich bei einer langen Autofahrt zugezogen hatte, sah ich meine Stunde gekommen! „Setz dich einmal hierher, ich will dir etwas vorspielen", fing ich geheimnisvoll an – denn ich hatte ihm von meinem zauberhaften Lehrmeister noch gar nichts erzählt. Und stand vor dem kleinen Regalabteil mit den Klaviernoten, die ich noch von meiner Großmutter geerbt hatte. Schloss die Augen und öffnete weit mein Bewusstsein. Ganz klar – ein Scherzo! Am besten A-Dur, vielleicht als Allegro im Portato, und mit vielen aufsteigenden Tonleitern, das musste doch dem Rücken gut tun! Und flugs hatte ich einen Haydn parat, legte die Noten aufs Pult, hielt den Atem an und begann zu spielen, während mein Mann mich mit großen Augen verständnislos ansah.

Ich will ehrlich bleiben. Mein Klavierspiel ist nicht besonders, ich bin nun mal Laie. Aber ob es daran lag, oder ob ich doch das falsche Stück gewählt hatte?

Jedenfalls krümmte sich mein Mann schon im zweiten Thema wie unter starken Magenschmerzen zusammen, griff sich bei der Coda unter Schreien an die Lendenwirbel und brach beim zugegebenermaßen missglückten Schlussakkord gänzlich zusammen. Was hatte ich in meiner Überheblichkeit bloß angerichtet! Er schrie und winselte, offensichtlich von mehreren Schmerzen gleichzeitig gepeinigt, die vor meinem unsäglichen Haydn noch nicht von ihm Besitz genommen hatten. Was sollte ich bloß tun, was dem Arzt erklären? A-Dur gegen Nackensteifheit? Unser Hausarzt würde mich vermutlich gleich einweisen lassen, von meinem Mann ganz zu schweigen, wenn ich ihm von Herrn Labonté erzählen würde. Aber ja doch: Labonté – das war die einzige Rettung.

Ich packte meinen Mann irgendwie ins Auto, fuhr wie der Teufel, parkte im Halteverbot und schleppte ihn in jenen Sessel, in dem ich selbst so oft schon heilende Verzückung erfahren hatte. Ließ Herrn Labonté kaum zu Wort kommen, so verstört er mich auch ansah. „Er hatte Nackenschmerzen, da habe ich ihm Haydn vorgespielt!" „Haydn?" kam kraftlos flüsternd die ungläubige Gegenfrage, als hätte ich ihm gerade offenbart, meinem Mann Arsen zur Heilung verabreicht zu haben.

„Ja, dieses Haydn-Menuett." Setzte mich an seinen Flügel und spielte die ersten Töne. Mein Mann schrie schon beim zweiten Dur-Akkord laut auf und Herr Labonté erhob zum ersten und einzigen Mal die Stimme: „Um Gottes Willen, hören Sie auf, was tun Sie! Wollen Sie ihn umbringen?" – „Ich dachte, A-Dur sei vielleicht das Richtige", wagte ich zu entgegnen. Er schob mich mit seinen knochigen Händen vom Flügel weg, als sei ich vom Teufel besessen. „Aber doch kein Haydn, und doch nicht so ein plagales Thema. Mit Imitationen in der Begleitung. Haben Sie nicht die Sequenz in der linken Hand bedacht? Und die Tonart. Großer Gott – gegen Nackenschmerzen spielt sie Haydn in A-Dur!"

Während mir fast die Sinne schwanden, war mir, als stünde der gute alte Haydn bereits neben Labonté, Schubert und Beethoven direkt daneben, runzelten die Stirn und schüttelten die Köpfe. Mit denen hatte ich es mir verdorben. Labonté allerdings, ganz Therapeut, war schon zum Notenschrank gestürmt, hatte in aller Eile Noten aufs Pult gelegt und spielte mit zitternden Händen Schumann. „Hoffentlich ist es noch nicht zu spät!", rief Beethoven, dessen Hand zur Unterstützung auf Labontés Schulter ruhte. Schubert kniete neben meinem Mann, dem es schon bei den ersten Tönen besser zu gehen schien. „Er erholt sich", rief er Beethoven zu, während Haydn mich nach wie vor unversöhnlich ansah. „Mein Menuett hat sie gespielt – gegen steifen Nacken!" sagte er wegwerfend, als sei offenkundig und den Noten zu entnehmen, wie absurd meine Wahl gewesen war.

Meinem Mann geht es mittlerweile besser, er schläft viel und regeneriert sich auf unserem Sofa. Ich selbst erhole mich auch und habe gerade mein Krankentagebuch der Papiertonne überantwortet. Lieber einen klaren Schnitt machen! Als ich zufällig an den Klaviernoten vorbeikam, folgten sie dem Tagebuch in den Müll. Das Klavier lasse ich morgen abholen, ich kann keine Musik mehr hören! Bloß Haydn werde ich nicht mehr los. Er sitzt täglich bei uns auf dem Sofa – mein Mann scheint ihn nicht zu sehen – und schaut mich strafend an. Dabei habe ich ihm doch gar nichts getan!

Klavierkonzert

Herr Vincent war wirklich äußerst kurzfristig eingesprungen. Erst am Tag der Aufführung rief ihn seine Agentur an – es war später Vormittag – ob er heute Abend in Köln Mozarts Klavierkonzert in d-moll spielen könnte, der eigentlich engagierte Pianist sei heute Morgen erkrankt. Zu einer Verständigungsprobe würde leider die Zeit fehlen, weil das Orchester selbst erst zum Konzert anreisen könne. Vincent überlegte nicht lange: Er hatte das d-moll-Konzert oft genug gespielt, und er liebte diese überraschenden Engagements, bei denen man sich blitzschnell auf einen fremden Dirigenten, auf unbekannte Tempi und gänzlich andere Interpretationen einstellen musste. Ralf Vincent sagte zu.

Den Dirigenten Lutowsky sah Vincent tatsächlich erst auf der Bühne, wo sich beide zum ersten Mal die Hände schüttelten und ermutigend anlächelten. Vincent wollte gerade noch verstohlen den Anfang des Werkes ansummen, um dem Maestro seine Tempovorstellung nahe zu legen, aber da nahm Lutowsky auch schon den Stab in die Hand und das Konzert begann.

Vincent war hochmotiviert und aufs Äußerste konzentriert, um in dem etwa fünfminütigem Orchestervorspiel so viele musikalische Details wie möglich wahrzunehmen, damit er seinen Solo-Einsatz passend gestalten konnte. Innerlich erklang in ihm bereits der erste Takt: da daa daa daa jababa ba...

Als Lutowsky den Stock zum Auftakt hob, erschrak Vincent bereits: Was war denn das für ein Tempo?

Es war wie ein eiserner Schlag, der Ralf Vincent traf, der ihn zusammenzucken und dann versteinern ließ, der alle Muskeln verhärtete, Augen und Mund weit öffnete und den Hormonhaushalt seines Körpers zum Kollabieren brachte. Was Vincent hörte, entsprach nicht dem, was gerade noch in seinem inneren Ohr erklungen war. Nicht weil das Tempo zu langsam oder zu schnell war, weil das Orchester zu laut oder zu unsauber spielte, oder der Dirigent etwa nichts von Mozart verstand.

Vincent erschrak, weil das Werk, welches das Orchester neben ihm spielte, nicht das d-moll-Konzert war! Vincent saß an dem knapp drei Meter langen Flügel, rechts neben ihm saßen über tausend Menschen und links neben ihm begannen 40 Musiker mit einem Werk, auf das er nicht im Mindesten vorbereitet war. Natürlich kannte er die Musik – es war das c-moll-Konzert von Mozart. Aber er hatte es niemals gespielt, niemals auch nur die Noten überflogen. Die innere Blockade war so groß, dass Vincent Mühe hatte, noch zu atmen.

Das konnte doch nicht wahr sein, das gab es doch gar nicht! Wie sollte er ein Konzert spielen, das er zwei, drei Mal im Radio gehört hatte! Was sollte er jetzt tun. Er sah es schon deutlich vor sich: Der Pianist steht auf, winkt ab, geht auf den verstörten Dirigenten zu, das Publikum hört die beiden murmeln, dann laute Worte wechseln, der Dirigent wütet auf dem Podium herum, verlässt die Bühne schließlich, während der Pianist sich an das Auditorium wendet, um alles zu erklären.

Aber was ist die Erklärung? Wieso zum Teufel spielte dieses Orchester jetzt das c-moll-Konzert, wo doch sein Agent heute Morgen deutlich genug vom d-moll-Konzert gesprochen hatte. Vincent hatte ja sogar ein Fax vom Veranstalter bekommen, da stand es doch auch drauf: Konzert in **d-Moll**! Oder war das nur Fliegendreck gewesen und es hätte doch c-moll heißen sollen? Als die erste Blockade wich, wurde die Furcht nur noch größer. Es waren vielleicht erst vier Takte vergangen, als Vincent klar wurde, dass er während des Vorspiels eine Lösung suchen musste.

Sofort aufgeben? Vertuschen? Aber wie sollte er vertuschen, dass er das Werk nicht spielen konnte? Er konnte ja nicht irgendetwas spielen, es musste ja zu der Begleitung des Orchesters passen. Vincent fühlte sich unermesslich einsam inmitten dieser vielbeschäftigten und bestens ausgebildeten Menschen. Er brauchte Hilfe.

Ein verstohlener Blick auf den Konzertmeister am ersten Geigenpult. Der missverstand, nickte Vincent aufmunternd zu. Vincent riss die Augen beschwörend auf, beugte sich nach links und zischte dem Geiger zu: "Ihr spielt das falsche Konzert!" Der Geiger verstand nicht, beugte sich fragend vor. "Ich kann dieses Stück nicht spielen, ich habe ein anderes Konzert vorbereitet!" Nun war es heraus, nun würde der Konzertmeister Hilfe holen. Der Konzertmeister wurde blitzschnell leichenblass – also hatte er verstanden. Einen Pausentakt der Geigen nutzte er aus, um seinem Pultnachbarn die Sachlage zuzuflüstern. Es dauerte nur wenige Takte, bis die gesamte Geigentruppe von fast durchsichtiger Blässe gezeichnet war. Selbst der Kontrabassist war intuitiv aus seinem Dämmerzustand erwacht und blickte – was er sonst nie tat – den Dirigenten erwartungsvoll und ungeduldig an.

Dennoch spielten sie alle hurtig weiter, waren schon beim zweiten Thema, die Musik näherte sich unaufhaltsam dem Klaviereinsatz, von dem Vincent keinen blassen Schimmer hatte. An den Dirigenten war trotz allem energischen Zischen nicht heranzukommen, er hatte verzückt die Augen geschlossen und ließ die Musiker allein in ihrer Angst. "Wir spielen das c-moll-Konzert", raunzte der erste Geiger überflüssigerweise, als ob er Vincent noch auf die Tonart einschwören könnte: "c-moll, c-moll!" Es war ein Wunder, dass im Publikum niemand diesen lächerlichen Wortwechsel bemerkte.

"Ich kann nur das in d-moll, verstehen Sie!" – "Spielen Sie irgendwas!" – "Ich kann nicht, das gibt eine Katastrophe."

Endlich öffnete Lutowsky die Augen und schaute verwundert auf seine blassen Geiger, die ihm tonlos Wortfetzen zuzischten: "...das falsche Stück ... er kann es nicht ..."

Es dauerte weiter zwei wertvolle Takte, bis er begriff. Statt jedoch das Tempo zu reduzieren, um Zeit zu gewinnen, fuchtelte er in seiner Wut nur noch energischer drein. Vincents Puls raste. "Die Noten", flüsterte er dem Dirigenten zu, "geben Sie mir Ihre Noten!"

Lutowsky schüttelte nur noch erregter den Kopf: "Unmöglich, ich kann das Konzert nicht auswendig." – "Und ich kann es überhaupt nicht." – "Das ist Ihr Problem, kommt nicht in Frage!"

Lutowsky brach die Konversation indigniert ab und überließ Vincent seinem Elend. Dieser Schuft, dieser Verräter, was hatte er davon, wenn es zur Katastrophe kommen würde? Lutowsky würde sich wahrscheinlich nach dem Schmiss nicht entblöden, dem Publikum zuzurufen: "Es war nicht meine Schuld!"

Hilfe konnte sich Vincent nur von den Geigen erhoffen. Die Frau am letzten Pult rückte mit ihrem Stuhl unauffällig aber stetig zurück, um Kontakt mit der Inspizientin hinter der Bühne aufzunehmen.

"Er braucht die Noten" – das war das Einzige, was die Geigerin immer gepresst wiederholte, in der Hoffnung, die Inspizientin könne sich den Rest denken. So war es auch, aber die schaurige Gewissheit dauerte weitere zwölf Takte. Die Inspizientin, für das Publikum unsichtbar, konnte endlich das tun, was den exponierten Musikern verwehrt war. Sie rannte hinter die Bühne zum Telefon und alarmierte die gesamte Hausbesatzung: Noten vom c-moll-Konzert mussten her, und zwar innerhalb weniger Takte. Das war natürlich ein aussichtsloses Unterfangen, denn weder der Pförtner noch der Bühnenmeister hatte eine Mozart-Partitur einstecken. Und in der Garderobe von Ralf Vincent befand sich natürlich nur der Klavierauszug des d-moll-Konzerts. Die einzige Rettung konnte das Publikum sein. Irgendjemand dieser tausend Menschen hatte doch wohl die Noten dabei, um beim Hören mitzulesen. Das war die Lösung, wenn es überhaupt noch eine gab. Die Inspizientin rief in der Lichtregiekabine an, die hinter getönten Scheiben das gesamte Auditorium einsehen konnte: "Sucht mir jemanden, der die Noten mitliest, und dann her damit!"

Vincent hatte von der Rettungsmannschaft, die hinter ihm fieberhaft das Publikum musterte, keine Ahnung. Die Konversation mit den Geigern war abgebrochen, da diese während den letzten Takten des Orchestervorspiels ziemlich viel zu spielen hatten, und Vincent ultimativ überlegte, wie er seinen Solo-Einsatz überstehen sollte. Üblicherweise fing der Klaviersolist in Mozarts Konzerten ja nicht mit dem Hauptthema an, sondern mit irgendeinem Seitenmotiv. Doch Vincent hatte sich kein einziges Motiv gemerkt, er konnte sich gerade einmal mühsam klarmachen, dass c-moll drei Vorzeichen hatte.

Also etwas improvisieren. So lange irgendetwas in c-moll spielen, bis der Dirigent das Orchester wieder einsetzen lassen würde, und dann musste man weitersehen. Als der letzte Akkord des Orchesters erklang, wusste Vincent immer noch nicht, was er spielen sollte. Fieberhaft stierte er auf die Klaviatur, als würden im letzten Augenblick die richtigen Tasten magisch aufleuchten. Er holte tief Luft, stöhnte vernehmlich auf und warf sich ins Abenteuer.

Das Gros des Publikums merkte wohl überhaupt nicht, was in diesen Sekunden eigentlich vor sich ging. Es klang schon irgendwie nach Mozart, was der Solist da von sich gab. Auffällig war allerdings die merkwürdige

Anspannung des Orchesters, das üblicherweise in den Soloabschnitten gelangweilt in den Stühlen herumlümmelt. Eine dürre Bratscherin schien bereits der Ohnmacht nahe, während ihr die Augen aus dem Kopf quollen.

Einer im Saal allerdings glaubte Augen und Ohren nicht zu trauen, und das war Ralf Vincents Rettung: Der Kritiker der hiesigen Zeitung las wie immer in der Partitur mit, suchte dort jedoch vergeblich nach den Tönen, die der Pianist so selbstverständlich dem Publikum als Mozarts Schöpfung präsentierte. Helfrich – der Kritiker – begann wild in der Partitur herumzublättern, vielleicht war es ja eine überarbeitete Version oder ein Druckfehler. Das war der Augenblick, in dem der Lichttechniker Herrn Helfrich entdeckte. "Ich habe einen mit Noten gefunden!", brüllte er ins Telefon.

"Welche Reihe, welcher Platz?", brüllte die Inspizientin zurück. Denn so glatt Vincent über die ersten Takte seines Solos gekommen war – viel länger konnte er nicht ohne Noten durchhalten. Wenn erst das Orchester wieder einsetzte, um sich mit dem Solisten gegenseitig die Bälle zuzuspielen, war er verloren. Schließlich konnte der Pianist nicht die Tonarten und Motive erraten, die Mozart vor 200 Jahren so eingefallen waren.

Zum Glück saß Helfrich wie alle Kritiker am Rande einer Reihe, damit er nach dem Konzert schnellstmöglich das Haus verlassen konnte. Es dauerte nur zehn weitere Takte, bis ein Saalordner ihm die Taschenpartitur entrissen hatte, sogar noch geistesgegenwärtig genug war, ihm zuzuraunzen: "Das Mitlesen ist hier verboten!"

Lutowsky, der Dirigent, wusste nicht so recht, wann er dem Orchester den nächsten Einsatz geben sollte, während Vincent sein improvisiertes Solo von sich gab. Am liebsten natürlich überhaupt nicht mehr, sollte doch der Pianist die nächste halbe Stunde alleine bestreiten. Allerdings war unüberhörbar, dass Vincent in seiner Not nichts Vernünftiges mehr einfiel. Melodien waren schon lange keine mehr zu hören.

Schließlich trillerte er hilflos herum und sah flehend auf den Dirigenten. Der hatte schließlich Erbarmen – der nächste Streichereinsatz war wie eine Erlösung. Allerdings nicht lange: Vincent wurde puterrot, als er merkte, wie wenig das Orchester zu spielen hatte. Zwischen den unüberhörbaren Löchern stand sicher ein herrlicher und bewegter Klavierpart in den Original-Noten. Also versuchte er ein wenig mitzuspielen, mehr so im Hintergrund, damit es nicht gar so dünn klang. Dass er nicht immer die richtigen Tonarten traf, machte ihm schon fast nichts mehr aus. Schließlich spielte er nur noch Wendungen, die eigentlich in allen Tonarten irgendwie passen mussten. Damit kam er weitere zwanzig Takte über die Runden.

Die Rettung kam dann blitzschnell. Über die Inspizientin gelangte Helfrichs Taschenpartitur ins Orchester. Dass sie beim Weiterreichen fallengelassen und mit den Füßen weitergeschoben wurde, war ja nicht schlimm. Unangenehm war bloß, dass der erste Geiger sie mit zu viel Schwung unter den Flügel stieß, wo

Vincent sie nicht erreichen konnte, außer er wäre unter das Instrument geklettert. Es war Lutowsky, der die Situation und damit die ganze Aufführung rettete, indem er beim Dirigieren ein Bein nach hinten unter den Flügel streckte, und die Noten mit der Schuhspitze Vincent vor die Füße schnipste.

Der Rest war ein Kinderspiel. Vincent machte eine Pause, wo eigentlich keine hingehörte, um sich wie nach seinem Taschentuch zu bücken, was ihm entglitten war. Die Geigen überbrückten den dünnen Orchestersatz derweil mit einigen improvisierten Trillern. Dann hielt der Pianist die Partitur in der Hand. Fremde Noten, entsetzlich klein gedruckt. Trotzdem war damit das Schlimmste überstanden. Innerhalb weniger Takte gelang es Vincent, die richtige Seite aufzuschlagen, und unauffällig eine leichte Ahnung der Mozartschen Originalkomposition vom Blatt zu spielen. Der schicksalhafte erste Satz ging vorüber, die beiden folgenden waren im Vergleich dazu keine ernstzunehmende Schwierigkeit mehr.

Dem Kritiker Helfrich konnte natürlich nicht verborgen bleiben, was wirklich geschehen war. Das war ein gefundenes Fressen: Das konnte keine Konzertkritik mehr fürs Feuilleton mehr werden, das war ein ausgewachsener Krimi, das war eine Glosse, das war ein Beitrag für die Sparte *Gesellschaft und Soziales*. Das würde er ganz groß herausbringen. Diese Unverfrorenheit, mit der man hier mit dem Publikum umsprang. In der Gewissheit, dass Vincent nicht so dreist sein würde, eine Zugabe zu geben, sprang Helfrich beim letzten Ton des Mozart-Konzertes (oder sollte man besser sagen: des Vincent-Konzertes?) auf und verließ das Haus.

Das heißt, er wollte es verlassen. Doch im Foyer wurde er aufgehalten. Da gesellten sich plötzlich zwei stämmige Herren zu ihm und begleiteten ihn in eine eher düstere Ecke. Dort wurde nicht viel gesprochen, nur gezischt: "Wir hoffen, Sie wissen genau, was sie zu tun haben. Sonst wissen wir es auch!" Der schmächtige Kritiker spürte, wie seine Hände wie weiche Pflaumen in den riesigen Pranken der beiden Herren gewalkt und gedrückt wurden. Ihm blieb nichts anderes übrig, als stumm zu nicken.

Mit der Rezension des Konzerts konnten schließlich alle zufrieden sein:

Dem kurzfristig eingesprungenen Pianist Ralf Vincent gelang ein gänzlich neuer Mozart. Gewagt, frisch und niemals langweilig – so geriet Mozarts Klavierkonzert zu einem emotionalen Feuerwerk. Nur schade, dass der Pianist stellenweise etwas angespannt wirkte.

Langeweile

Man sollte nicht meinen, dass in der heutigen Zeit noch solche eklatanten Versorgungsengpässe auftreten!

Erst neulich wieder, es war in der belebten Fußgängerzone, als ein Mann mittleren Alters plötzlich kraftlos niedersank und unter heftigem Stöhnen auf allen Vieren weiterkroch.

Kein Zweifel, ihm war langweilig geworden und somit nicht mehr zu helfen. Eine Traube von Menschen sammelte sich um ihn, bot er doch eine willkommene Abwechslung, wie er schon ganz bleich – Speichel tropfte aus seinem Mund – versuchte, noch ein interessantes Geschäft zu erreichen, ein Plakat, ein Handyspiel oder wenigstens mit irgendjemandem zu reden, dass bloß die tödliche Langeweile verginge. Aber die Auslagen der Geschäfte blieben nichtssagend, die Menschen wichen zurück, sobald er sie anredete – ein Gespräch mit ihm konnte sie ja langweilen!

An den Schaufenstern einer Modeboutique zog er seinen zuckenden Körper noch einmal mit letzter Kraft hoch, doch umsonst. Er hatte sich zeit seines Lebens nicht für Mode interessiert, und so konnte die Schaufensterpuppen mit ihren Blusen und Sakkos die in ihm gereifte Langeweile nicht mehr zerstreuen. Er sank nieder und starb.

So ein Leichtsinn aber auch, müßig durch die Stadt zu laufen! Wie leicht kann er auftauchen, so ein plötzlicher Anfall von Langeweile. Oder dass einem ein entfernter Bekannter begegnet und in ein gefährlich langweiliges Gespräch verwickelt. Und wenn dann kein Kino, Bistro, Video in der Nähe, wenn kein Smartphone verfügbar oder der Akku leer ist, dann gibt es keine Rettung mehr! Das muss man sich einmal vorstellen – plötzlich ist man als Passant ganz auf sich gestellt, ohne Ablenkung, ohne Unterhaltung.

Wahnsinn!

So etwas ist kein Einzelfall, immer wieder hört man von derartigen Engpässen. Da muss etwas geschehen, das Unterhaltungsnetz darf nicht länger solche gefährlichen Lücken haben, gerade für Notfälle muss es noch engmaschiger werden. Man muss auch mal an die Bedürftigen unter uns denken.

Wir leben schließlich in einem Sozialstaat.

Vita

Ein Gedankenspiel: Sie sitzen wie so oft im Konzert, sagen wir einem Klavierabend, einem Violinkonzert, egal was. Hören ein wenig der Musik zu und blättern versonnen im Programmheft. Was könnte da Ihr Interesse wecken?

Ich übergehe einmal das feuilletonistische Geschwafel über die Werke des Abends – viel zu intellektuell, als dass Sie sich das jetzt antun würden. Also zunächst das Foto des Solisten, offensichtlich schon ein paar Jährchen alt, sehr vorteilhaft aufgenommen, vermutlich professionell retuschiert. Dann aber seine Vita. Während das Foto unmittelbar mit dem leibhaftigen Künstler verglichen werden kann, können Sie den Wahrheitsgehalt der Vita nicht so ohne Weiteres überprüfen. Sie könnte mit dem realen Lebenslauf des Künstlers übereinstimmen, sie muss es aber nicht. Und glauben Sie mir – keine Vita, die Sie je gelesen hätten, entspricht der Wahrheit! Das ist gar nicht ihre Aufgabe. Und auch Sie, glauben Sie mir, wollen gar nicht die wahrhaftige Lebensgeschichte des Künstlers lesen – sondern eine viel schönere!

Die Vita. Hier wird gelogen, gebogen, hinzuerfunden, ins rechte Licht gerückt, Unbequemes verschwiegen, Nichtigkeiten monströs glorifiziert. Der ungeliebte weihnachtliche Instrumentalvortrag des Kleinkinds vor der Oma wird in der Vita zu „erste öffentliche Auftritte bereits im Kindesalter" hochstilisiert. Und die angeblichen „begeisternde Konzerte des 16-jährigen in Spanien" waren in Wirklichkeit Karaoke-Einlagen vor fröhlich-betrunkenem Publikum auf Mallorca.

Glauben Sie mir: Glauben Sie nichts!

Meist erwähnt ja eine solche Vita, bei welchen berühmten Professoren und Künstlern ihr heutiger Star des Abends studiert hat – angeblich. Überprüfen können Sie das kaum.

„Frühe Lehrjahre bei Herbert von Karajan" – „private Studien bei Vladimir Horowitz" – „entscheidende Impulse kamen von keinem Geringeren als Leonard Bernstein."

Wirklich?

Wer sagt Ihnen, ob die „entscheidenden Impulse" wirklich in mehrjährigen Unterrichtsstunden erworben wurden und nicht bloß im Hören einer verkratzten Schallplatte bestanden haben! „Frühe Lehrjahre" – damit könnte auch der nachhaltig peinliche Augenblick gemeint sein, als Herbert von Karajan unserem heutigen Solisten bei einem Probedirigieren wutentbrannt zurief: „Sie haben das musikalische Feingefühl eines Trampeltiers! Werden Sie nicht Musiker, werden Sie Grobschmied!"

Und der genial-verschrobene Pianist Horowitz gab gar keinen Unterricht, sondern schloss sich immer in seinem Hotelzimmer ein, das er jahrelang bewohnte.

In *meiner* Vita zähle ich als angebliche Lehrmeister immer Künstler auf, die bereits verstorben sind, die können sich auch auf Nachfrage nicht beschweren, dass sie mich gar nicht kennen, geschweige denn mir je

Unterricht erteilt haben. Bei toten Künstlern ist auch im Internet nicht zu ermitteln, ob ich wirklich Schüler von ihnen war oder nicht! Außerdem sind die bereits Verblichenen doch weitaus beeindruckendere Eckpfeiler wahren Künstlertums – als haben Artur Rubinstein oder Claudio Arrau dereinst ihr Leben ausgehaucht, nur um den Stab an mich weiterzugeben. Wer einen bereits toten Lehrmeister aufweist, stellt sich in die beeindruckende Generationenfolge, die letztlich bis zurück zum Komponisten selbst weist. Und falls ich es in besonderem Maße mit der Wahrheit halte, dann gebe ich in meiner Vita einfach Prof. Kensington und Prof. Vidaly als Lehrmeister an und verschweige damit bloß, dass es sich dabei um Professoren der Wirtschaftswissenschaften handelt – ein erstes Semester Irrweg vor meinem Musikstudium. *Jeder* Name macht sich gut in meinem Lebenslauf, ob man ihn nun kennt oder nicht.

Ein anderer unverzichtbarer Bestandteil einer jeden Vita: erworbene Preise bei Wettbewerben.

Zweiter Preis im *Krakauer Mendelssohn-Wettbewerb*, erster Preis beim *Chopin-Wettbewerb von Saarbrücken* und Sonderpreis der Jury beim *Grande Cours de Montreux*. Wer will wirklich wissen, welchen Stellenwert diese Wettbewerbe haben, ja ob es sie überhaupt gibt?

Hat Krakau einen Mendelssohn-Wettbewerb (im Vertrauen: Was bitte hat Mendelssohn mit Krakau zu tun)? Nichts ist leichter, als Wettbewerbe zu erfinden. Am besten, Sie kombinieren Städte mit verblichenem Charme – keine zu großen Metropolen – mit Komponisten, die niemand mit dieser Stadt je zusammenbringen würde: *Bachwettbewerb Talinn; Brahms-Contest Carcasonne; Concours de Bizet Plzeň…*

Und überall habe ich dort Preise abgesahnt – angeblich! Macht sich wirklich gut in der Vita! Drei, vier solcher erfundenen Preise, und mein Mendelssohn-Intermezzo klingt gleich bunter, schneller, fehlerfreier. Das Auge hört eben auch mit!

So viel zu den Stationen des künstlerischen Werdegangs. Da gibt es enorme kreative Spielräume. Aber auch die sind noch gar nichts gegenüber den Ideen und Lebensentwürfen, die abseits der künstlerischen Entwicklung in solch einer Vita aufgerollt werden können. Sie meinen, Privates habe in einem Konzertprogramm nichts verloren? Sicher – Ehefrau, Scheidung, Finanz- und Alkoholprobleme sind in einem Programmheft ebenso fehl am Platz wie die Erwähnung von 25 täglichen Liegestützen, einer Vorliebe für süditalienischen Rotwein oder jährliche Urlaubsreisen an die Algarve.

Was aber ist von einem kurzen Vermerk zu halten: *Nach einer frühen Kinderlähmung überwand der ehrgeizige Pianist alle Folgeerscheinungen durch jahrelanges unermüdliches Klavierüben.*

Meinen Sie nicht, das Publikum hört die Musik mit anderen Ohren – ergriffen und geheimnisumwittert? Wird es nicht bei jeder irgendwie schlaksigen oder merkwürdigen Bewegung und Geste von mir insgeheim bewundernd feststellen: "Sie ist noch da, die Krankheit, er hat sie nicht überwunden, aber gezähmt." Wird mein Brahms oder Tschaikowsky dann nicht umso mehr zum

Kampf der Elemente? Wird mein Klavierspiel nicht zum Schrei der gequälten Kreatur?

Ich hab's probiert, glauben Sie mir, man merkt es am Applaus, was über mich im Programmheft steht.

Auch Tourette-Syndrom geht gut, Sie wissen schon, diese Krankheit mit dem Tick. Ab und an eine ruckhafte Kopfdrehung, und dem Publikum stockt der Atem, bewundert mein diszipliniertes Klavierspiel und vor allem: verzeiht kleinere Unebenheiten und Fehler. Immer wenn ich bei einem Auftritt zu wenig Zeit zum Üben hatte, nehme ich die Tourette-Vita, da gewährt man mir alles und liebt mich dafür! Hervorragend macht sich auch die Amnesie-Variante: *Vor fünf Jahren schwerer Autounfall, der Pianist erlitt eine Amnesie, kannte weder seinen Namen noch seine Herkunft. Nur das Klavierspiel war ihm geblieben, konnte nach wie vor den ganzen Beethoven auswendig.*

Was meinen Sie, wie das ankommt, wenn ich beim Auftritt kurz vor Erreichen des Flügels kurz innehalte und verstört ins Publikum blicke – *was tue ich eigentlich hier? Wer sind diese vielen Leute?*

Oder mitten in der Appassionata-Sonate stoppen, abbrechen. Verstörter Blick auf die eigenen Hände – *Wem gehören diese Hände? Was tun sie da?* Dann abrupt im Fortissimo weiter – und das Publikum liebt mich.

Auch „Wolfsjunge" habe ich schon probiert. Sie wissen schon: ganz alleine im Wald aufgewachsen, weiß nicht, was Seife ist, kann nicht sprechen, keine Krawatte binden, aber auf wundersame Weise abgöttisch gut Klavier spielen. Passt gut zu Tschaikowsky oder Rachmaninoff – der Mythos vom *bon sauvage,* vom edlen Wilden, der wie ein Tier am Klavier sitzt, Oktavläufe in das Instrument hämmert, um ihm gleich darauf im Pianissimo ätherisch-sinnliche Melodien zu entlocken.

Sie merken: Ich passe meine Vita dem Konzertprogramm an, da überlasse ich nichts dem Zufall.

Frühe Erblindung – kommt gut bei Bach. Und unsicher aufs Podium schlurfen, das ist schnell erlernt. Ersetzt nahezu perfekt das mühevolle Üben polyphoner Durchsichtigkeit. Wenn ich am Flügel – angeblich blind – den Kopf in den Nacken werfe und ins Nichts zu blicken scheine, *will* jeder hören, wie meine Finger statt meiner Augen gelernt haben, Farbigkeit und Durchsichtigkeit zu ertasten.

Vier Jahre politischer Häftling in Nordkorea – und mein Beethoven klingt wie ein Schrei nach Freiheit.

Sieben Bypass-Operationen – nehme ich immer bei Chopin. Da hustet wenigstens vor lauter Angst, ich könne noch während des Konzerts vor Schreck einen Herztod erleiden, niemand mehr im Publikum.

Das alles entspricht vielleicht nicht einer falsch verstandenen Political Correctness, aber denken Sie dran: Ich bin Künstler, mithin selbst ein Kunstprodukt. Nicht bloß mein Klavierspiel, nein ich als Person bin eine Kreation von Kreativität, Phantasie und Erfindungsgabe. Michael Jackson hat sich mehrfach umoperieren lassen, ich dagegen doktere bloß ein wenig an meinem Lebenslauf herum.

Und geben Sie es doch ruhig zu: Sie wollen es doch auch!

Warnung an alle Eltern!

Wollen Sie wirklich, dass Ihr Kind Geige lernt?

Da sitzen Sie in einem Konzert mit einer jungen japanischen Geigensolistin, sind fasziniert von diesem silbrigen Klang des Instruments, von spektakulärer Virtuosität und dahinschmelzendem Sentiment. Und in diesem Rausch der Gefühle ist dann ein für alle Beteiligte folgenschwerer Entschluss gefasst: Unser Kind soll Geige lernen!

Selten passen Vision und Wirklichkeit so wenig zusammen wie bei Eltern, die ihrem kleinen unschuldigen Kind eine Geige in die Hand drücken, es wöchentlich zum Unterricht schicken, auf dass sich zuhause täglich mindestens 30 Minuten lang wiederhole, was im Konzertsaal so zu Tränen rührte: das Erlebnis von herrlichem Klang und beseelender Musik.

Liebe Eltern – das Erwachen wird furchtbar sein!

Zunächst einmal: Geigen können sehr sehr teuer sein, und wenn man sie selbst in die Hand nimmt, klingen sie einfach nur scheußlich, bei den meisten Leuten jedenfalls. Das ist gemein, furchtbar undemokratisch und überhaupt kein Kaufanreiz.

Die meisten Kinder, die mit Geige anfangen, bekommen zu Beginn farbige Punkte auf den Hals gemalt (den Geigenhals natürlich), damit sie die Töne treffen, wenigstens ungefähr. Dabei ist es völlig ausgeschlossen, sie zu treffen. Das ist ja Millimeterarbeit, und das –

zumindest bei Fortgeschrittenen – in rasendem Tempo! Außerdem können die armen Kinder die Punkte praktisch nicht sehen, weil man ja die Geige so schräg weghält. Da hat man gar keine Augen, wo die Punkte sind. Das ist, als ob man einem Hürdenläufer die Augen verbindet, ihm dann einen fünf Meter langen Blindenstock in die Hand drückt, und ihn dann noch zwingt, rückwärts zu laufen. Dass dabei kein Weltrekord heraus kommt, ist wohl klar! Und die blöden Punkte helfen erst recht nicht, wenn die Geige nicht gut gestimmt ist. Dann klingt es sowieso zum Gotterbarmen.

Aber kein einziger Schüler kann seine Geige stimmen. Ein beherzter Griff des kleinen Schwesterleins an einem der vier braunen Gnubbel, den Stimmwirbeln, und aus ist's! Welcher Wirbel war's, in welche Richtung muss man drehen? Mama hilf mir! Aber die Mama kann es selbst nicht, hat vielmehr lebhaft in Erinnerung, wie der Papa beim letzten Mal beherzt einen Stimmwirbel gedreht hatte, bis die Saite platzte.

Die ganze Woche wird also mit einer verstimmten Geige weiter geübt, zum Wahnsinnigwerden, weil nur der Geigenlehrer das bockige Instrument stimmen kann. Verstehen Sie – man muss drei Jahre Musik studiert haben, um das verdammte Ding überhaupt stimmen zu können, von schönen Tönen ganz zu schweigen! Das ist, als wenn beim Auto das Bremspedal erst dann reagieren würde, wenn man eine vierstellige Multiplikationsaufgabe gelöst hat. Schwere Unfälle wären die Folge. Der Gesetzgeber würde sofort einschreiten und solche

Autos verbieten, während er beim Geigenunterricht gar nichts tut, ja ihn vielmehr sogar noch durch Steuergelder unterstützt. Ein Wahnsinn!

Wenn die Geige dann endlich gestimmt ist, muss man Töne heraus bekommen. Geige links, Bogen rechts, Finger auf die Saite und los geht's mit dem Üben.

Die Geige ist ja bekanntlich hohl. Schade eigentlich, denn wäre sie aus vollem Holz, so könnte sie ein Kind höchstens ein paar Minuten halten, sie wäre einfach zu schwer. Dann würde sich das Übeproblem von ganz alleine erledigen. Eine hohle Geige aber kann jeder Pimpf stundenlang halten, theoretisch jedenfalls. Und je länger man das Gekratze auf der Saite übt und perfektioniert, desto besser, sagt der Geigenlehrer.

Aber das ist ja gar keine Saite, das ist ein Drahtseil, und jeder Ton ein Drahtseilakt. Ohne Netz, volles Risiko, jede Sekunde kann er abstürzen, der Ton. Bogen zu fest gedrückt, es kratzt, es schabt – Absturz! Bogen zu schnell gestrichen, es quietscht und fiept – wieder ein tödlicher Sturz! Und das in einer Zeit von Benutzerfreundlichkeit, Vollkasko und Rundum-Sorglos-Paketen! Wo es doch so schmeichelnde, so angenehme Instrumente gibt, schmerzlos, vorhersehbar, und mit Bedienungsanleitung. Da kann man doch gar nichts falsch machen. Ein Keyboard kann man sogar mit Kopfhörern spielen, die Umgebung atmet auf. Tasten und Knöpfe, die Funktionen stehen neben dran, ein selbsterklärendes Display.

Das ist ein zeitgemäßes Instrument!

Aber nein, es muss ja unbedingt die Geige sein, der Mount Everest unter den Instrumenten. Jeder Ton ein Sprung ins Ungewisse. Und dann soll sich der Ton ja auch noch entwickeln. Nicht bloß „Ton an – Ton aus", fertig. Er schwingt sich ein, langsam kommt Vibrato hinzu, der Bogendruck steigt, damit auch Schärfe und Intensität, vor dem Ausschwingen doch wieder weich werdend. Ein ganzes Leben, so ein Ton, und jeder Ton hat ein eigenes, ein anderes Leben. Wann ist man da je zu Ende mit Üben und Gestalten?

Und dann, was für Lieder spielt man auf der Geige? Lieder aus den Charts vermutlich überhaupt keine, weil das auf der Geige ja gar nicht klingt. Alicia Keys' Soulgesang auf der E-Saite? Gott behüte! Technobeats, verzerrte E-Gitarrensoli? Vergiss es!

Stattdessen Etüden, Übungen und Solfeggien. Menuette, Divertimenti und Partiten. Barock, Klassik, bei Frühromantik hört's schon auf – ist eh alles zu schwer. Und zu neu. Kein Instrument zwingt einen so sehr zu alter Musik wie die Geige. Klavier? Da gehen Boogie Woogie und Halftimerock ganz prima. Gitarre? Ist bei moderner Musik bestens aufgestellt. Selbst mit Posaune kann man jazzen oder Bayernrock spielen – total angesagt. Aber wer seinem Kind die Geige aufzwingt, setzt es den Spinnweben aus. Versetzt es ins 17. Jahrhundert. Könnte ihm gleich ein Schild um den Hals hängen mit der Aufschrift "Vorsicht – uncool!".

Eigentlich glatt ein Fall fürs Jugendamt. Das würde doch auch einschreiten, wenn Eltern ihr Kind mit

Lendenschurz oder Bärenfellhosen in die Schule schickten. Aber Geigenunterricht ist erlaubt. Pervers!

Vermutlich denken die wenigsten Eltern so weit, leider. Die meisten glauben wahrscheinlich wirklich immer noch, es gehe nur um ein Instrument. Welcher Klang einem eben sympathisch ist. Oder zu dem süßen geblümten Kleidchen passt. Eine fahrlässige Kurzsichtigkeit. Auch nicht mit gutem Willen zu entschuldigen oder mit Jugenderinnerungen an den ach so ergreifenden Geigen-Soundtrack von "Love Story", den die eigenen Kinder nun wiederaufleben lassen sollen.

Nein, diese Eltern setzen ihr Kind auf einen Lebensweg, der sie prägen wird. Warum wählen sie gleich den Mount Everest, wenn ihr Kind irgendeinen Gipfel erklimmen soll? Bei Geige fängt man ganz unten an, ganz weit unten. Und es geht so hoch hinaus!

Andererseits - Was wäre die Alternative?

Wer lieber ganz im Tal bleibt, kann den Gipfel meist gar nicht sehen. Dazu muss man sich doch etwas in die Höhe begeben, wenigstens ein kleines bisschen. Und wenn man es auch nur bis zur Hälfte geschafft hat, ja auch noch weniger – dann kann man schon den Gipfel sehen! Dann erst blickt man mit Genuss und Aussicht ins Tal. Dann erst merkt man aber auch, wie weit nach oben es noch geht.

Dann erst.

Doch wem dies alles für den Lebensweg seines Kindes nicht geeignet zu sein scheint, der sollte im Tal bleiben. Der sollte es niemals Geige lernen lassen.

Niemals!

Andante con spirito

Ich bin kein großes Talent, das muss ich vorausschicken. Meine Melodien und Kompositionen taugen allesamt für Klavierschüler und pädagogische Zwecke, keinesfalls jedoch für den Konzertsaal. Aber neulich ist mir im Traum eine Melodie eingefallen, die wirklich vielversprechend war. Es war nach einem anstrengenden Tag, an dem ich mich mit vielen Anfängern und pubertierenden Sprösslingen herumgeschlagen hatte. Abends bin ich in tiefen Schlaf gefallen und habe wirres Zeug zusammengeträumt. Von einem großen bärtigen Mann, dem ich meine nur mäßig talentierten Klavierschüler vorführte und der sie ihrer Faulheit entsprechend bestrafte. Und der mich in ein Klassenzimmer führte, wo viele andere Musiker wie ich saßen und allesamt weinten. Der Bärtige tröstete uns und übte ein Lied mit uns ein.

Als ich morgens aufwachte, hatte ich ordentliches Kopfweh. Erst gegen Mittag fiel mir plötzlich diese Melodie wieder ein, dieselbe, die ich im Traum mit dem Bärtigen gesungen habe. Es war eine unsagbar schöne Melodie, in ihrer Art völlig neu, nicht wie alles andere, was mir bisher eingefallen war. In fieberhafter Eile notierte ich sie, konnte mich auch noch dunkel an die Klavierbegleitung erinnern, die der Mann im Traum wohl gespielt hatte. Wo die Erinnerung dunkel war, probierte ich ein wenig herum und siehe: Am Ende passte alles wunderbar zusammen. Ich war selbst ergriffen, als ich das fertige Klavierstück durchspielte, mir kamen fast die Tränen. Das sollte von mir sein, diese schöne Musik? Plötzlich klingelte es an der Tür. Ich erschrak fürchterlich, weil mein Vermieter mir ausdrücklich verboten hatte, in der Mittagszeit Klavier zu spielen. Er war es auch, der vor der Tür stand, aber mit welchen Augen! Nicht wie sonst die Augenbrauen tief hinuntergezogen und die kleinen Äuglein vor Wut und Triumph funkelnd. Nein, er hatte geweint, es war offensichtlich.

Was haben Sie da eben gespielt, fragte er mich schluchzend. Ich gestand zögernd, dass es eine eigene Komposition war. *Bitte spielen Sie es noch einmal, es war himmlisch!*

Ich fing noch einmal an, kam aber nicht weit, weil es abermals klingelte. Um es kurz zu machen – nach einer halben Stunde saß, stand und lag das ganze Haus vor dem Flügel, lauschte meiner neuen Melodie und weinte hemmungslos vor Rührung und Glück. Mir wurde langsam klar, was ich da erfunden hatte: Dieses kleine Klavierstück war nichts weniger als ein absoluter Hit, ein Juwel, eines der ganz großen Stücke Musik. Mit dieser Komposition konnte ich reich und berühmt werden, konnte ich in die Annalen der Kunst eingehen und mich auf den Thron neben Bach und Beethoven setzen.

Nachdem ich alle Besucher mühsam hinausbefördert hatte, überlegte ich, was zu tun sei. Ob ich das Werk zu einem Verlag bringen sollte oder besser gleich zu einer Plattenfirma. Ich war schon entschieden, hatte bereits die Telefonnummer eines bedeutenden Labels herausgesucht, da machte ich eine merkwürdige Entdeckung. Erst gestern hatte ich beschlossen, die kläglichen verwelkten Reste meiner Zimmerpflanzen endlich in den Müll zu werfen – ihnen war nicht mehr zu helfen. Jetzt aber – mir stockte der Atem – grünten und blühten sie erneut in den schönsten Farben. Sie waren vom Tode auferstanden! Meine Ahnung sollte sich schnell bestätigen: Als ich meine Komposition erneut spielte, konnte ich zusehen, wie die Pflanzen sich aufrichteten und gesundeten. Meine Melodie schien ungeahnte therapeutische Kräfte zu besitzen. Wenn sie bei Pflanzen solch einen sensationellen Heilungsprozess bewirkte, welche heilsamen Kräfte würde sie wohl beim Menschen zeigen? Vielleicht konnte sie das Leiden mindern, vielleicht konnte sie der Welt endlich zum Frieden verhelfen!

An eine profane Vermarktung zum reinen Gelderwerb war jetzt natürlich nicht mehr zu denken. Ich sann darüber nach, wie ich der Welt am wirksamsten das Heil bringen könnte. Sollte ich das Stück in einem Gottesdienst spielen, auf einer Messe, im Bundestag, oder vielleicht bei einer weltweiten Satellitenübertragung? Nichts schien unmöglich, je mehr Menschen ich erreichen konnte, desto besser.

Schließlich entschied ich mich, mein Notenblatt fürs Erste zum Rundfunk zu bringen, wo man sicher gleich wenigstens bundesweit eine Sondersendung arrangieren konnte. Ich ging also schnell vor die Tür und machte mich auf den Weg, ging schnellen Schrittes die einsame Nebenstraße entlang. Doch leider kam ich nicht weit. An der nächsten Straßenecke stand der Bärtige! Er war etwas kleiner als er mir im Traum vorgekommen war, aber sein gütiges Lächeln war das gleiche. Er hatte auf mich gewartet. Als ich vor ihm stand, streckte er langsam die Hand aus und sagte mit seiner weichen samtenen Stimme: *Gib sie mir. Es ist meine Melodie.*

Er hatte recht, ich musste es zugeben. Ein letzter Blick auf meine Handschrift, auf jene zauberhafte Noten, dann gab ich ihm das Notenblatt und verlor augenblicklich jede Erinnerung an die wunderbare Melodie. Und doch war sie da. Sie kam aus meinem Kopf, sie war in mir. Jeden Tag sitze ich einige Minuten am Klavier und warte. Denn ich bin sicher, eines Tages wird sie mir wieder einfallen, ich habe es am gütigen Lächeln des Bärtigen gesehen.

Der Kulturkampf

Man weiß es längst: der Darwinismus hat gesiegt! Die Menschheit glaubt an ihn, und das zu Recht, wie ich meine. Beobachtet man doch überall die Erscheinungen von Mutation und Selektion. In unserem modernen Zeitalter von Prosperität, Wohlstand und geistiger Agilität scheint sich der Effekt freilich zu verstärken: benötigte die Natur früher noch Tausende von Generationen, um auf veränderte Umwelteinflüsse oder den puren Überlebenskampf mit veränderten Erbanlagen zu reagieren, so findet man heute ähnlich signifikante Erscheinungen innerhalb weniger Jahrzehnte. Der Grund für diese Beschleunigung ist nicht schwer zu erraten: Der ins Unermessliche gestiegene Konkurrenzdruck macht diese feinnervigere Reaktion der Natur zur schieren Bedingung der Existenz. Auch auf kulturellem Gebiet ist dieser Kampf entbrannt – denke man bloß nicht, dass mit Versen oder Tönen weniger hart gefochten und ums Dasein gerungen würde als mit dem Schwert!

Gut, ein Musiker sollte fleißig sein und üben, üben, üben. Aber mangelndes Talent, Geschmeidigkeit der Finger oder die Disposition des ganzen Körpers lassen sich kaum durch Tugend oder Disziplin wettmachen. Wer die besseren Erbanlagen hat, wen die Natur reicher und zweckmäßiger ausgestattet hat, der und nur der überlebt. Nur der Erste und Beste zählt, schon der zweite Sieger ist dem Vergessen, mithin dem künstlerischen Tod geweiht.

So richtig deutlich wurde mir die Härte des Kulturkampfes aber erst neulich, bei dem jüngsten Wettbewerb der Nachwuchspianisten. Vorbei die Zeiten, da schmächtige unscheinbare Jüngelchen gegen die unzureichende Ausstattung ihres Körpers anspielten und sich hemmungslos überforderten.

Die heutigen Kulturhoffnungen sind körperlich alle prächtig ausgestattet. Da findet man kaum noch einen schwächlichen pubertierenden Buben, auch die Zehnjährigen sind längst keine Kinder mehr und haben Muskeln wie Herkules. Ein Forte können die heute spielen, da brauchte man früher ein ganzes Orchester dafür. Auch die Ohren scheinen mir in den letzten Jahren gewachsen zu sein – im Durchschnitt jedenfalls. Einige hängen bis zu den Schultern herab, was bei schnellen Passagen zuweilen ein hässliches Klatschen erzeugt. Doch die Anforderungen an das Gehör sind eben unglaublich gestiegen.

Geradezu selbstverständlich und schier unverzichtbar für eine zukünftige Karriere scheinen ein paar zusätzliche Finger zu sein. Um ehrlich zu sein: auf dem ganzen Wettbewerb hatte sich keiner mehr mit bloß zehn Fingern qualifizieren können – alle hatten sie mindestens zwölf, wenn nicht noch mehr. Der Erfolg liegt auf der Hand: abgesehen von dem erweiterten Ambitus des Greifens, der Werke von Liszt endlich auch für Grundschüler spielbar macht, sind auch Fugen und Klavierauszüge nicht länger angstbesetzt. Selbst vierhändige Literatur wird heute von einem einzigen Pianisten mühelos bewältigt. Im Zuge der Kostenersparnis allerorten natürlich eine Sensation – die Wirtschaft hat schon Interesse gezeigt, solchermaßen ausgestattete Pianisten auch für andere Tätigkeiten einzusetzen.

Doch selbst diese Begünstigungen der Natur scheinen unbedeutend und wenig überlebensfähig gegenüber den Segnungen des letztendlichen Preisträgers. Hier hat die Natur eindeutig ein paar Evolutionsstufen übersprungen, vielleicht um uns ein Zeichen zu geben, wohin die Entwicklung gehen wird.

Der blutjunge Pianist, der natürlich aus dem ehemaligen Ostblock stammte, verfügte über so viele Finger, wie der Flügel Tasten hatte. Körperteile, die nicht mehr primär der Tonerzeugung dienen, waren hier bereits der Degeneration zum Opfer gefallen – so etwa Nase, Mund, Haare, Hals, eigentlich der ganze Kopf.

Dagegen war der Körper des Pianisten mit seinem Klavierstuhl zu einer lebendigen Einheit verwachsen, ebenso die Füße ihrem einzigen Zweck – dem Pedaltreten – entsprechend optimiert. Eigentlich erinnerte seine ganze Gestalt mehr an die Form jener elektrischen Spielwalzen, die früher vor die Klaviatur geschoben wurden, um zuvor eingespielte Werke perfekt wiederzugeben. Die Überlegenheit dieses Talentes war geradezu erschütternd: wen die Wiedergabe des Minutenwalzers in nur 13 Sekunden noch nicht überzeugt hatte, den musste spätestens die simultane Interpretation aller 32 Klaviersonaten von Beethoven begeistern. Kein Zweifel – diese Spezies musste einfach gewinnen, gegenüber diesem Überfluss der Natur konnte niemand bestehen.

Jetzt, nachdem ich in aller Eile diesen Bericht niedergeschrieben habe, um in der Redaktion der erste zu sein, stelle ich verwundert fest, dass auch ich zwölf Finger habe. Dabei hätte ich schwören können, es wären vorhin noch elf gewesen!

Exposition

Fast bereute Herr Kempf seinen Entschluss, als er das Konzerthaus betrat. Bis zuletzt hatte er gezögert: Der nun verpasste gemütliche Fernsehabend wäre eine verfallene aber geschenkte Freikarte vielleicht doch wert gewesen, zumal er die heute anstehende Mozart-Symphonie wirklich schon oft genug gehört hatte.

Aber nun war es zu spät, er saß auf seinem eher mäßig guten Platz, das Orchester hatte gestimmt, der Dirigent hob den Taktstock, aber bei Herrn Kempf wollte sich partout kein Hochgefühl einstellen.

So dauerte es denn auch nur wenige Takte, um zu erkennen, dass die Aufführung heute keinen sonderlichen Kunstgenuss bieten würde. Das Tempo ein Hauch zu langsam, die Bläser leicht unsauber, der Stuhl deutlich zu weich – noch vor dem zweiten Thema versank Herr Kempf, ohnehin rechtschaffen müde vom Tage, in einen leichten Nebel, aus dem die irdische Welt nur von ferne zu ihm drang. War da noch Musik um ihn herum?

Ein scharfer Akkord auf der Doppeldominante ließ Herrn Kempf schreckhaft wieder auftauchen und hochfahren. Herrje, immer noch die Exposition*, dachte er bei sich, von süßem Dur und Moll wieder eingelullt...

---

* *Exposition, Durchführung und Reprise sind die Formteile des ersten Satzes einer klassischen Symphonie.
Die Exposition wird dabei üblicherweise zweimal gespielt, bevor es mit der Durchführung weitergeht.*

Abermals riss es ihn hoch – Zum Teufel mit den Dirigenten, die Mozarts Wiederholungszeichen so wörtlich nehmen! Natürlich *kann* man die Exposition einer Symphonie wiederholen, aber man *muss* doch nicht. Das zieht doch alles nur in die Länge!

Herr Kempf fühlte sich eigentlich schon nach Reprise, fast schon nach Pause. Ein Glas Sekt würde jetzt gut tun. Doch dann, Kempf war schon wieder kurz vor dem Wegdösen, durchfuhr es ihn eiskalt, holte es ihn mit einem Ruck ins Hier und Jetzt. Anstatt in die Durchführung zu gehen, sprang das Orchester erneut in die Exposition zurück, wiederholte erneut den Beginn des Satzes!

Kempf stierte ungläubig auf die Bühne. Ein Fehler des Dirigenten? Unmöglich, das ganze Orchester hatte ohne Irritation mitgemacht. Irgendeine Art innovativer Aufführungspraxis? Nervös blätterte er im Programmheft, fand aber nur den üblichen Feuilletonismus – viele schlaue Worte über das Frühwerk Mozarts, dem zwar noch die Reife fehle, aber schon bla bla bla...

Unsinn, warum sollte man auch eine Exposition dreimal spielen.

Also musste sich Kempf verzählt haben, schlicht und einfach verzählt. Ebenso Unsinn! Da musste man doch nicht mitzählen, das sagte ihm doch jede Pore der Erinnerung: dreimal und nicht weniger!

An einen Dämmerzustand war nicht mehr zu denken, Kempf war in höchstem Maße verwirrt. Mit Spannung erwartete er den Schlussakkord der Exposition, nach dem nun endlich der verminderte Akkord der Durchführung folgen sollte. Allein er tat es nicht – stattdessen erneut, nunmehr zum vierten Male, das Hauptthema des Beginns.

Kempf schaute um sich. Im Publikum keinerlei Zeichen von Nervosität oder Verwirrung. Die Leute mussten das doch merken, wenigstens ein paar von ihnen, dass dieses Sch...-Orchester ... Aber nur besinnliche Abonnementsatmosphäre, nur Aura, nur Weihe. Auch im Orchester kein verschmitztes Grinsen, das auf einen schlechten Scherz hingedeutet hätte, keine Schadenfreude, nichts!

Kempf nahm seinen Mut zusammen und flüsterte dem linken Nachbarn zu: "Die spielen den Anfang doch jetzt mindestens zum vierten Mal!" Der beleibte Herr indessen ließ sich seine Andacht nicht nehmen und flüsterte zurück: "Ja, ein herrliches Thema."

Kempfs Finger krallten sich in die Armlehne. Schweiß glänzte auf seiner Stirn. Quälend langsam schleppte sich die Musik fort, nach wie vor schlampig gespielt. Es musste doch schon mindestens eine halbe Stunde so gehen. Leider hatte Kempf keine Uhr, und seinen Nachbarn mochte er nicht noch mal angehen, diesen Kretin. Abermals das Ende der Exposition und ... abermals dasselbe Spiel von vorne. Kempf schüttelte den Kopf und stöhnte, zog sich den Unmut des benachbarten Publikums auf sich.

Wie lange sollte das jetzt noch so weitergehen? Wie lange konnte Kempf noch durchhalten? Zum Glück hatte er ausgiebig zu Abend gegessen, auch ordentlich Flüssigkeit zu sich genommen – von daher bestand für die nächsten Stunden keine Gefahr. Also ruhig bleiben, nicht aufregen, einfach vorüberziehen lassen.

Kempf atmete langsam und tief, während er zum x-ten Male diese unerträgliche Exposition hören musste. War das nicht eine probate Foltermethode? Dem Delinquenten eine Schallplatte mit einem Kratzer vorzuspielen, so dass unablässig derselbe Takt immer wieder erklingt, stundenlang! Und nun hier dasselbe in einem Konzertsaal, und nicht bloß ein Takt, sondern die ganze Exposition des ersten Satzes. Wofür wurde das Publikum gefoltert? Das heißt, außer Kempf schien es ja niemand zu bemerken. Kurzzeitig versuchte er es mit den Fingern in den Ohren, was ihm aber kaum Linderung, dagegen viele böse Blicke einbrachte.

Mein Gott, welch ein Albtraum! Nur war er wach und alles um ihn herum war wach und wirklich, und es war zum aus der Haut fahren. Also wieder tief atmen und gar nicht mehr zuhören, vor allem nicht in diesem Augenblick, wo schon wieder *(beschleunigter Puls)*... Nur Ruhe und gleichmäßig atmen und nicht zuhören.

Herr Kempf versuchte krampfhaft, sich zu entspannen, nichts mehr zu wollen, nur noch da zu sein. Hätte er doch in seinem Yoga-Kurs besser aufgepasst, da ging es doch so oft um Entspannung und Geschehenlassen. Aber alles umsonst, alles vergeblich, mindestens fünfzehn Expositionen stauten sich in ihm auf und suchten einen Ausgang.

Immer wieder stellte er sich so intensiv wie möglich den verminderten Akkord der Durchführung vor, als könne er ihn durch Autosuggestion herbeibeten – doch umsonst.

Schreien, ja das wäre das Rechte. Es hinausschreien, alle Schlechtigkeit der Welt, es alle wissen lassen, seine Botschaft. Die Menschheit im ewigen Kreislauf ihres Daseins, gefangen innerhalb der Exposition, gefangen in ihrem Sumpf von Sünde und Schande. Und sie merkte es nicht!

Er dagegen – Herr Kempf, der Messias. Er kannte die Wahrheit, nur er kannte den Ausweg aus dem Hamsterrad. Er war der Prophet.

Was war das? Um Himmels Willen! Der verminderte Akkord! Die Durchführung!

DAS FEGEFEUER! DAS EWIGE LEBEN!

Herr Kempf sprang auf und klatschte. Er klatschte wie noch nie zuvor. Sein Gesicht war von Erlösung, von Auferstehung gezeichnet, ja verzerrt. Er klatschte und rief unverständliche Laute in fremden Zungen, alles in ihm jubilierte, unbeirrt von der Musik, die allmählich verebbte, von dem Konzertmeister, der wütend auf ihn blickte, vom Dirigenten, der sich fassungslos zu ihm umdrehte. Unbeirrt von Kempfs Nachbarn, die an ihm zerrten, unbeirrt auch von den Saalordnern, die sich in Eile durch das Publikum quetschten und ihn ergriffen. Er klatschte noch in der Kammer, in die man ihn sperrte. Und er klatschte noch, als der Arzt kam und ihm eine Spritze verpasste.

Was war geschehen?

Die Zeitung erwähnte einige Tage später nur, dass beim letzten Symphoniekonzert ein offensichtlich Geistesgestörter kurz nach Beginn des Konzerts aufgesprungen sei und wie besessen applaudiert habe. Er befinde sich noch immer in ärztlicher Behandlung.

Man sagt ja gerne, Musik verzaubere. Aber wer war an diesem denkwürdigen Konzertabend verzaubert? Herr Kempf – oder alle anderen?

Die Frage bleibt: Was ist geschehen? Was ist während des ersten Satzes der Symphonie wirklich passiert?

Was?

Missio

Im letzten Urlaub war ich in den Bergen. Habe weite Wanderungen gemacht, war in einsamen Tälern und unwirtlichen Gipfelregionen. Einmal allerdings verirrte ich mich, beim Abstieg von einem abgelegenen Bergsee. Wollte den Weg abkürzen, verlor ihn dabei und geriet immer weiter ab, bis ich zu einem noch einsameren Felsabsturz kam, den ich mühsam herunterkraxelte.

Da sah ich auf einmal weit unten am Wandfuß einen Menschen, der regungslos im steilen Abhang stand, auf einem Felsbrocken, mitten in der tiefsten Wildnis. Mein erster Eindruck war, dass dieser Mensch Hilfe brauchte, und ich begann zu ihm abzusteigen. Allerdings – warum stand dieser Mensch so unbeweglich, selbst als ich hinunter rief. Wenn er Hilfe brauchte, müsste er doch winken oder rufen.

Dann war ich unten, es war eine ältere Frau, einigermaßen ungeeignet bekleidet, mit einem Faltenrock, einer Bluse und einer Wollweste und mit Halbschuhen. Wie um Himmelswillen war sie damit hier in diese Einöde gekommen, am verlassenen Ende eines einsamen Tales, weit und breit kein Weg, keine Alm, kein Mensch und kein Vieh.

Doch dann sah ich, was sie in der Hand hielt. Es war die Zeitschrift einer christlichen Religionsgemeinschaft, die sie werbend vor ihrer Brust hielt.

Tatsächlich, Frauen dieser Art und Kleidung hatte ich schon oft in der Stadt auf den belebten Fußgängerzonen gesehen. Sie warten bescheiden, bis man sie anspricht, dann fangen sie bereitwillig und mit Eifer an, über die Bibel und ihre richtige Auslegung zu sprechen.

"Was machen Sie denn hier?", entfuhr es mir in einem überraschten und gewiss nicht sehr freundlichen Ton.

"Ich missioniere", sagte die Frau mit einer schütteren Stimme und senkte die Augen, noch bevor sie mich richtig angeblickt hatte.

"Ist Ihnen denn heute schon mal jemand begegnet zum Missionieren?"

Die Frau schüttelte den Kopf.

"Nein, Sie sind der erste in dieser Woche."

Es war Freitag.

Nun schüttelte ich den Kopf. "Warum zum Teufel stehen Sie denn hier am Ende der Welt, wohin kein Mensch kommt, wenn er sich nicht verirrt, so wie ich. Warum gehen Sie nicht hinunter ins Dorf, oder noch besser, in die nächste Großstadt?"

Die Frau sah mich an. Sie hatte einen weichen, aber gleichzeitig ungemein leidensfähigen Gesichtsausdruck.

"Ich bin leider sehr schüchtern."

Und hielt ihre Zeitschrift noch etwas höher, wie einen Schutzschild vor der Brust, als könne ja doch noch ein armer bekehrungswilliger Sünder aus dem Nichts auftauchen. Ich ließ sie allein, fand nach langem Suchen den Weg wieder und erreichte erst kurz vor Einbruch der Dämmerung meinen Gasthof.

Wahrscheinlich steht die alte Frau immer noch dort oben am Ende der Welt.

Loreley

Neulich hatte es mich nach St. Goar am Rhein verschlagen. Nach einer schönen Wanderung über die Weinberge fand ich ein nettes Restaurant, sehr rustikal, die Tische gemütlich mit Holztäfelungen voneinander abgeteilt. Saß und ließ mir´s gut gehen. Bis zu dem Augenblick, als diese Frau eintrat.

Mir kam sie gleich merkwürdig vor, sie schien so umständlich, so wenig bequem gekleidet. Wie wenn sie aus der Oper gekommen wäre, einer Premiere vielleicht.

Aber in St. Goar gab es kein Opernhaus.

Außerdem sah es genau genommen nicht aus wie ein festliches Abendkleid. Nein, es sah aus, als hätte sie selbst in der Oper gesungen. Wie irgendein Kostüm aus dem Barock oder Rokoko, direkt aus dem Theaterfundus.

Allein der Klang des Kleides, wie es so auf den Fliesen entlang schleifte, dieser schwere dunkle Klang nach dickem Tuch.

Und es staubte, das Kleid, jawohl!

Wie es nun aussah?

Eben entsetzlich schwer, so ein gelber grober Stoff mit aufgebauschten Schultern. Kurzärmelig, mit einem tiefen Dekolleté, der Busen hochgedrückt, wie das damals wohl so üblich war. Und ein Rock, der üppigst und ausladend nicht nur nach unten, sondern nach allen Seiten fiel, ihr beim Gehen einen schwebenden Eindruck verlieh. Die Farbe? Das war wohl mal karmesinrot, vor langer Zeit. Jetzt eher so ins Gräuliche gehend, vielleicht auch mit einem Grünschimmer bedeckt. Und das Kleid staubte und sah auch sonst nicht mehr ganz reinlich aus.

Die Frau selbst, nun, sie war wohl einmal eine Schönheit gewesen. Aber sie sah alt und müde aus, so wie auch das Kleid. Unter den Augen schon große Säcke, voll mit Traurigkeit und Tränen, die Haut schon mit feinen Runzeln übersät. Nur der Mund noch in altem Glanz, voll und rot die Lippen, wenngleich der Lippenstift allzu dick aufgetragen war.

Und natürlich: die Haare, wie könnte ich diese Haare je vergessen, diese goldenen Locken, die ihr weit bis in die Schultern hingen.

Diese Frau nun schlurfte durch die ganze Stube und setzte sich ausgerechnet an meinen Tisch, weil sonst alles besetzt war.

Fragte nicht einmal, sondern setzte sich, vielmehr ließ sich einfach in das Polster fallen und stöhnte.

Mir war das nicht so recht, ich wollte meinen Abend gerne alleine ausklingen lassen. Aber gut.

Sie lehnte sich an, streckte die Beine aus und streifte die etwas lehmigen Schuhe ab. Ganz zierliche kleine Ballerina-Schuhe waren es – wo sie damit wohl herumgelaufen war?

Stöhnte noch einmal und seufzte: *Feierabend.*

Dann hob sie den Kopf und glotzte mich an: *Was starren Sie mich denn so an?*

Ich entschuldigte mich und beugte mich wieder über mein Geschnetzeltes. Aber schon bald lugte ich wieder zu ihr hinüber, die seltsamerweise während der ganzen Zeit vom Kellner unbeachtet blieb, als würde er sie gar nicht sehen!

"Entschuldigen Sie, wenn ich so indiskret frage, aber kommen Sie von einer Theateraufführung?", fragte ich mutig.

Theater? Ach was, viel schlimmer. Von oben, da von dem Felsen, da komm ich her.

Ich verstand kein Wort – von welchem Felsen?

Na, da von dem Loreley-Felsen. Da arbeite ich.

"Ach so, Sie meinen die Freilichtbühne, da wird ja so allerhand aufgeführt."

Die Frau stöhnte wiederum und schüttelte mit dem Kopf: *Sagen Sie, Sie sind wohl der Einzige, der mich nicht kennt!*

Ich zuckte mit den Achseln. Woher sollte ich sie kennen? Nun tatsächlich, irgendwie kam sie mir schon bekannt vor. Dieses wallende goldgelbe Kleid, diese blutroten Lippen und vor allem das goldene lockige Haar. Wo um Himmels Willen hatte ich sie denn vielleicht gesehen. In einer Illustrierten, im Fernsehen?

Da Sie wohl partout nicht darauf kommen: Ich bin die Loreley!

Das verschlug mir allerdings die Sprache. Die Loreley? Das war doch nur eine Sagengestalt, die konnte es doch nicht wirklich geben! Aber wenn man sie so anschaute – vor allem die Haartracht! Ja doch, je länger ich sie mir so anschaute, sie musste es sein, tatsächlich:

Die berühmte Loreley saß direkt an meinem Tisch und niemand merkte es!

Was sollte ich bloß mit dieser Dame reden? Ich konnte ihr doch unmöglich Löcher in den Bauch fragen, was sie denn so tue, wie es ihr gehe, wie viele Schiffer sie heute schon in den Tod getrieben habe, ob ihr die Arbeit Spaß mache! Das wäre äußerst indiskret!

Aber die Loreley treffen und nur Belanglosigkeiten oder gar nichts reden, das würde ich mir später nie verzeihen.

Also ganz vorsichtig angefangen: "Sie ruhen sich wohl gerade ein wenig aus vor dem nächsten.. äh Einsatz?"

Ausruhen? Ich hab meinen wohlverdienten Feierabend. Die Zeiten, wo ich auch nachts arbeiten musste, sind Gott sei Dank vorbei.

"Ach, Sie bleiben nachts nicht auf Ihrem Felsen? Aber da wäre doch eigentlich gerade die rechte Atmosphäre für Ihr Tun."

Atmosphäre? Brauche ich nicht.

Die Loreley rutschte unruhig auf ihrem Sitz herum und stöhnte wieder: *Ah, diese Schmerzen! Das kommt von diesem unbequemen Sitzen den ganzen Tag. Wie oft habe ich schon gesagt, dass ich lieber auf einem Stuhl sitzen würde, oder auf einem dieser bequemen Bürosessel. Aber nein, dann heißt es sofort, das sei stillos, die Loreley könne unmöglich auf einem Stuhl sitzen, sie müsse unbedingt auf dem Felsen kauern. So ein Blödsinn, das sieht man doch vom Fluss aus sowieso nicht. Und ich bekomme dann*

Schwielen am Arsch von diesen spitzen Felsen. Und der Fuß schläft mir ein.

Und sie beugte sich zu ihren Waden, die schon leicht krampfadrig aussahen, als sie ihren Rock etwas hochschob.

Sehen Sie das? Meine Beine hab´ ich mir ruiniert durch diesen Beruf! Bei jedem Wetter draußen sein. Auch wenn es regnet wie aus Eimern. Alle Menschen sind in ihren Häusern, nur ich sitze auf diesem saublöden Felsen und muss mir die Seele aus dem Leib singen.

Jetzt hustete sie auch noch, um mir ihre angeschlagene Gesundheit zu demonstrieren.

Bei Gott, sie schien mir etwas wehleidig zu sein, die gute Frau. Mochte ja sein, dass sie ein schweres Los hatte als Loreley. Aber war es nicht selbst gewähltes Leid? Und was war mit den vielen armen Menschen, die sie ins Unglück trieb? Denen ging es doch auch schlecht!

Sie hustete immer noch.

Haben Sie schon einmal den ganzen Tag gesungen? Auch im Winter, wenn man sich ja bei jedem Atemzug schon eine Erkältung holt!

Aber ich muss von früh bis spät herumsingen. Und zwar laut!

Immer wieder kommen Beschwerden, ich würde nicht laut genug singen, man könnte mich von unten kaum hören. So eine Frechheit. Da bauen sie Eisenbahnen und Straßen, rasen umher, machen Lärm, wo sie nur können und beschweren sich dann auch noch, ich sänge zu leise.

Das konnte ich mir allerdings kaum vorstellen – ihre Stimme gellte durch das Restaurant, dass es mir durch

Mark und Bein ging. Kaum zu glauben, dass niemand von unserer grotesken Unterhaltung Notiz nahm. Es war, als wären wir in diesem überfüllten Restaurant völlig ungestört, völlig allein.

So dauerte es nicht lange – sie wollte offensichtlich immer wieder meine Aufmerksamkeit auf sich lenken – da griff sie sich an ihr goldenes Haar und – oh Schreck – riss sich die ganze Pracht vom Kopf.

Ich schrie auf, starrte auf das leblose goldene Knäuel auf dem Tisch, dann erst merkte ich: das war nur eine Perücke. Tatsächlich, die Loreley war in Wirklichkeit eine Brünette. Und was für dünnes Haar!

Es hing in fettigen Strähnen herab, machte ihr Gesicht gleich noch älter. Und wie sie schimpfte!

Diese Perücke! Ich kann Ihnen sagen, was ich darin schwitze! Da machen Sie sich keine Vorstellung davon. Aber nein, ich muss natürlich das Ding tragen, den ganzen Tag, ob jemand hoch zum Felsen blickt oder nicht. Eine Loreley mit braunem Haar, das geht natürlich nicht. Blond und gelockt müssen sie sein, sonst wirkt der Zauber nicht.

"Ich finde braune Haare auch schön", befleißigte ich mich zu sagen.

Jaja, aber Sie sind bestimmt auch einer von denen, die meinen, eine Loreley müsse unbedingt blond sein! Geben Sie es doch zu.

Ich zuckte mit den Achseln: "Ich weiß nicht, ich dachte, das steht sowieso fest, dass sie blond ist, die Loreley."

Ach was, nichts steht fest. Die Männer haben sich nun einmal in den Kopf gesetzt, dass es ein zauberhaftes wun-

derschönes Wesen geben müsse, das einem unablässig den Kopf verdreht. Weil das ja die wirklichen Frauen natürlich nicht tun. Und ausgerechnet ich soll dafür herhalten, muss diese muffige Perücke tragen und mich Jahr und Tag auf diesem kalten Felsen herumquälen.

Jetzt wurde es mir zu blöd, ich riss mir die Serviette vom Schoß und warf sie auf den halbleeren Teller: "Jetzt hören Sie aber endlich auf mit dem ewigen Gemecker! Wir alle haben unser Bündel zu tragen, und Sie tun gefälligst Ihre Pflicht wie jeder andere auch. Die Leute vor hundert Jahren haben ihre Loreley gehabt, warum sollten wir sie nicht auch haben? Da wären wir doch schön blöd! Also gehen Sie gefälligst wieder auf Ihren Felsen und singen. Aber das eine kann ich Ihnen nur sagen: Glauben Sie ja nicht, dass ich wegen Ihnen ins Wasser springe!"

Damit ließ ich die verdutzte Frau sitzen, zahlte und verließ das Restaurant. Der kalte Wind wehte mir ins Gesicht. Neben mir der Rhein mit seinen kalten Fluten und über mir die dunklen mondbeschienenen Schieferfelsen.

Lag da nicht ein Singen in der Luft?

Die vielen Dinge

Mit zwei großen Kartons betrete ich meine Wohnung, in der gerade fröhliches Durcheinander herrscht. "Hallo!", rufe ich in den Trubel, "macht euch fertig, wir ziehen um." Sofort erstirbt alle Lustigkeit, misstrauisches Schweigen umgibt mich. Ob sie etwas ahnen, die vielen Dinge in meinem Zimmer? Ich darf auf keinen Fall wankelmütig werde, mich von etwas umstimmen lassen. Was ich mir vorgenommen habe, wird durchgeführt, denn es sind ihrer zu viele geworden.

Wo anfangen? Wahllos greife ich ein Buch, was noch auf der Erde liegt. Ich blättere es prüfend durch, da fängt es auch schon zu jammern an. Das wird ihm nichts nützen, die Sache ist bereits entschieden; ab in den großen Karton. Da liegt es nun, das Buch, völlig geschockt, und versucht vergeblich herauszukrabbeln. Und jammert und klagt! Gleich wieder ein Buch. Kurz den Titel angeschaut, dann auch in den großen Karton. Die alten Abenteuerromane aus dem Regal ebenfalls und den Stoß Comics gleich hinterher. Bisher geht alles gut, ich darf nur nicht in den Karton schauen, wie es dort kriecht und krabbelt.

Dann die erste echte Bewährungsprobe: mein alter Wecker, schon seit Jahren kaputt. Was soll ich noch damit? Ich lege ihn behutsam in den kleinen Karton. Er wird schreckensbleich und fängt zu schreien an: "Warum komme ich nicht in den großen Karton? Was geschieht mit mir, wo bringst du mich hin?"

"Keine Angst, wir ziehen doch nur in eine neue Wohnung", versuche ich fröhlich zu sagen. Er gibt keine Ruhe, ruft um Hilfe. Nicht nachgeben, weiter! Als der Wecker merkt, dass ich schon nach dem nächsten Buch greife, schreit er nur noch lauter. Da mischen sich auch die anderen ein.

"So lass ihn doch wieder raus", sagt der Globus. Der soll nur ruhig sein, er ist selbst bald reif.

"Wie kannst du ihn nur so quälen!", ruft das verblichene Poster von einem Folkmusikfestival vor über 20 Jahren.

Nein, nein! Dinge haben keine Seele, fühlen keinen Schmerz, können gar nicht reden! Ich werfe gleich noch eine alte Brille, die nur noch einen Bügel hat, in die kleine Kiste zu dem Wecker.

Das hätte ich nicht tun sollen, sie haben Lunte gerochen: "Du wirfst uns in die Kiste, weil wir kaputt sind, du willst uns loswerden!"

Jetzt heißt es ruhig bleiben. Blitzschnell schaue ich mich um: die Marionette. Dieses hässliche Ding kommt mir auch weg.

"Ach wo", sage ich – hoffentlich zittert mir nicht die Stimme – "ich muss nur ein bisschen sinnvoll packen." Und damit landet die Marionette auch in der kleinen Kiste.

"Du hast mich nie leiden können", fährt sie mich an, "und jetzt willst du mich wegwerfen." Sagt's und klettert aus der Kiste heraus, das geschickte Mistding. So langsam verliere ich die Nerven.

"Jetzt bleib halt drinnen", raunze ich und schubse sie wieder hinein.

"Lass sie raus, lass sie alle raus!", blökt es um mich herum.

"Nichts da", entfährt es mir unglücklicherweise, "die Marionette kommt weg."

Jetzt ist alles aus. Sie toben durch das Zimmer, schreien Angst und Entsetzen hinaus.

"Von wegen Umzug. Du willst uns alle wegwerfen!" Sie haben mich durchschaut. Dabei ist nur die kleine Kiste für den Müll gedacht, der große Karton soll zum nächsten Flohmarkt. Alles kreischt und poltert und rennt umher. Ich kann keinen klaren Gedanken mehr fassen. Meine Ruh´ ist hin, mein Herz ist schwer, ich finde sie nimmer und nimmermehr.

"Was kaputt ist oder alt und wertlos, kommt weg", schreie ich jetzt zurück und greife aus der tobenden Menge einen abgebrochenen Schuhlöffel.

"Nein, nicht mich", heult er, "wirf mich nicht weg, ich hab dir doch nichts getan."

"Du bist unbrauchbar", schreie ich das arme Ding an.

"Denk doch an früher, da war ich dir sehr nützlich!"

"Aber jetzt bist du kaputt", meine Stimme überschlägt sich fast. "Verstehst du denn nicht? Ich kann euch nicht alle aufheben, wenn ihr kaputt seid. Dann ist eure Zeit vorbei!"

"Lass mich leben", fleht es, "Lass mich bitte leben!" Furchtbar kämpft es in mir. Ich darf nicht nachgeben, aber wenn ich in seine traurigen Augen schaue, bin ich verloren. Mittlerweile weinen auch andere Dinge.

"Lass ihn leben", ruft eine überflüssige Holzente, "er ist unser Freund."

"Dann kommt ihr eben beide weg", in meiner Wut werde ich ungerecht, schlage wahllos um mich.

"Mörder!", schreien die anderen Dinge auf.

Das Zimmer gleicht nunmehr einem Hexenkessel: Die Bleistifte und Kugelschreiber, ja alles auf dem Schreibtisch kullert zu Boden. Die Bücher drängen die Buchstützen beiseite und stürzen sich vom Regal in die Tiefe. Die Lampe pendelt wütend herum, die Jalousie bebt. Die vertrocknete, längst tot geglaubte Zimmerlinde wirft mit Erde um sich, das uralte Radio schaltet sich selbst ein, auch wenn es längst keinen Sender mehr empfängt – auf voller Lautstärke.

"Lass uns leben", kreischen sie.

"Nein", brülle ich, bin nicht mehr ich selbst. "Ihr kommt alle weg. Ich brauch' euch nicht mehr, keinen einzigen von euch."

Wer spricht das? Wie kann man nur so herzlos und undankbar sein?

Und die großen, traurigen Augen des altmodischen Kerzenständers – immer noch in meiner Hand – blicken mich an.

Oh, wie bin ich schlecht und verderbt. Buße sollte ich tun, um Vergebung bitten. Heulend knie ich nieder, will alles Böse abwerfen. Die Dinge heulen mit mir, ich muss trösten, sie umarmen und küssen. Nehme alle Dinge aus den Kisten, lege sie zärtlich auf den Boden und presse meinen Körper liebevoll an den ihren.

So liegen wir weinend beieinander, versprechen uns ewige Treue und besiegeln unter Tränen unsere geheimnisvolle Verbundenheit.

Ich liebe sie doch, meine Dinge. Ich komme nicht von ihnen los.

Peinliches Ereignis

Es hätte so eine schöne Trauung werden können, wenn es nicht zu einem peinlichen Zwischenfall gekommen wäre, der dem ansonsten untadeligen Gottesdienst etwas die feierliche Würde nahm.

Denn noch vor der eigentlichen Trauzeremonie begann die Braut langsam in die Luft zu steigen, schwebte schließlich meterhoch über dem Altar und wäre sicherlich noch höher hinausgekommen, hätte der Bräutigam nichts geistesgegenwärtig den Fuß auf die wirklich überragend lange Schleppe des Brautkleids gestellt und somit den Höhenflug der zukünftigen Gattin gestoppt.

Nur der Disziplin von Brautpaar und Priester war es zu verdanken, dass die missliche Lage zuerst unbemerkt blieb. Die Trauung wurde ordnungsgemäß durchgeführt, wenngleich das Paar nur mit äußerster Mühe den Ringtausch vornehmen konnte, der Bräutigam durfte ja den Fuß nicht von der Schleppe nehmen.

So langsam begannen aber doch ein paar Leute zu tuscheln, der Höhenunterschied zwischen den Vermählten (immerhin drei Meter) fiel mit der Zeit auch in den hinteren Reihen auf. Auch das routinierte und souveräne Verhalten des Geistlichen konnte nicht vertuschen, dass es sich hierbei offensichtlich um einen unbeabsichtigten Zwischenfall handelte.

Dennoch hätte die Sache mit Anstand und Würde zu Ende gebracht werden können, wenn sich beim Schlusssegen nicht durch eine Unvorsichtigkeit seitens des

Bräutigams die Schleppe gelöst hätte und somit die Braut gänzlich zur Decke schwebte. An den feierlichen Auszug aus der Kirche war jetzt natürlich nicht mehr zu denken, auch wenn der Organist die Situation durch betont würdevolle Musik zu retten versuchte. Der Bräutigam reichte, wiewohl er auf das Brautgestühl stieg und sich ordentlich streckte, bei weitem nicht an die Braut heran, zumal die meterlange Schleppe nicht schlapp herunterhing, sondern – da bereits das große Portal zum Auszug geöffnet war und Luft hereinwehte – sich wie ein Segel ausbreitete. So hübsch das ja aussah, dennoch musste die Braut herunter.

Der Brautvater entblödete sich nicht, mit einigen Gesangbüchern nach seiner Tochter zu werfen, was immer er auch damit bezweckte. Schließlich gelang es dem Küster, sie mit dem Glockenseil einzufangen und herabzuziehen, so dass das Brautpaar doch noch ordentlich aus der Kirche ziehen konnte.

Wie gesagt, es hätte eine so schöne Trauung werden können. Aber leider sind es ja diese kleinen Misslichkeiten, die bei einem derart gewichtigen Ereignis in Erinnerung bleiben.

Tee bei Jacottet

Frau Jacottet war meine älteste und schlechteste Schülerin, aber das machte nichts. Sie war mir dennoch die liebste. Nach ihren üppigen Hosen und farbenfrohen Blusen zu urteilen, war sie knapp über Fünfzig. Wer in ihr runzeliges Gesicht blickte, hielt sie für Fünfundsiebzig. Schmuck und Make-Up dagegen entstammten dem frühen Präkambrium. Ihr wahres Alter kannte niemand, sie war gleichsam der Zeit enthoben.

Frau Jacottet spielte radebrechend Klavier. Ihren Gelenken schienen gleichmäßige, kontrollierte und wiederholbare Bewegungen mittlerweile zuwider zu sein, nicht selten klappte ihr ein Fingerchen weg, gab ein Gelenk kraftlos nach, was sie stets mit einem überraschten Ausruf bedachte, als wäre es zum ersten und nicht wiederholten Male passiert. Pianistische Fortschritte waren während der Klavierstunden nur mit viel Mühe und Wohlwollen zu erkennen.

Aber die alte Dame wagte sich unnachgiebig vor allem an die großen Werke der Romantik, ich konnte einwenden, was ich wollte. Bereits in der ersten Klavierstunde, die ich ihr gab, hatte sie mir mit Nachdruck klargemacht, dass sie in ihrem Alter nicht mehr mit Fingerübungen, vierhändigen Diabelli-Stückchen und Tonleitern belästigt zu werden wünschte. Sie wünschte vielmehr Sonaten, Impromptus und Balladen der großen Meister. Sie wünschte Chopin, Brahms, Schumann. Und ich sollte sie weniger belehren als vielmehr ihrem waghalsigen Spiel auf den vielen Tasten wohlwollend beiwohnen.

Ohne Übertreibung kann ich sagen, dass die Klavierstunden bei Frau Jacottet (ich kam für ein fürstliches Honorar sogar zu ihr ins Haus) die genüsslichsten Augenblicke der Woche waren. Und dies – wie bereits erwähnt – nicht etwa wegen ihres Klavierspiels. Es waren vielmehr die Begleitumstände.

Jacottet hatte eine Wohnung, die wie ein Museum ausgestattet war. Zweifellos war der hundertjährige Flügel das modernste Möbelstück, denn die raumgreifende und floral verzierte Schrankwand, das samtene Sofa mit der Sesselgarnitur, vor allem aber die vielen und abermals vielen Gläschen und Väschen, Tellerchen und Spiegelchen, die sich auf jedem nur erdenklichen Sims drängten, als wollten sie sich gleich wie Lemminge herunterschubsen, zeigten deutlich die Verspieltheit des Jugendstil, die einen eigenartigen Kontrapunkt in Jacottets schrumpeligem Gesicht fand.

Während ich mich also in einen bequemen Ohrensessel neben den Flügel setzte, sorgte sie für Tee und Gebäck, zuweilen auch Kuchen, was alleine schon eine knappe Viertelstunde der bezahlten Unterrichtszeit kostete. Erst wenn sie mich gut versorgt wusste und ich bereits kaute, erlaubte sie sich an den Flügel zu setzen. Dann schloss ich die Augen, während ihre ersten Töne geisterhaft durch Raum und Zeit schwirrten, und öffnete sie erst wieder, wenn ich nach gefühlten fünfzig Jahren glaubte, der Tee habe mittlerweile lange genug gezogen. Jede Unterrichtsstunde war eine Zeitreise –

mühelos sah ich mich um hundert Jahre zurückversetzt. Wenn ich in dem matten Bleiglasspiegel neben mir, dessen fleckiges Metall jede Farbe und Lebendigkeit des Lichts zu absorbieren schien, mein fahles Spiegelbild erblickte, fühlte ich mich gleichzeitig um Jahrzehnte gealtert und erdgeschichtlich um Generationen zurück katapultiert.

Auch Frau Jacottets Sprache schien einer vergangenen Epoche anzugehören. Zuweilen brach sie mitten in einer zugegeben missglückten Klavierpassage ab und wendete sich mir mit höfischer Grandesse, aber nichtsdestotrotz spitzer Stimme zu: "Ist es nicht wahrhaftig degoutant, dass mir so gar kein Piano gelingen will! Alles gerät zu laut und vulgär."

Da musste ich mich einfach anpassen und auch meinerseits altehrwürdigen Zeiten huldigen. Hob theatralisch beide Hände gen Himmel und legte Samt und Seide in meine Stimme: "Aber gewisslich nicht! Allenfalls ein wenig zu stürmisch, Ihr Piano. Gehen Sie es kommod an, nicht ganz so affektuos, nicht so jugendlich ungestüm, Verehrteste!" Und dazu lächelte ich gütig und griff mir den nächsten Keks, der ebenfalls aus dem letzten Jahrhundert zu kommen schien und dabei wenig von Samt und Seide hatte.

Vermutlich wegen all dieser Umstände war ich in keiner Weise überrascht, als während einer dieser denkwürdigen Klavierstunden plötzlich zwei Herren, in schwerem altmodischem Tuch gekleidet, den Wohnraum betraten, die ich eindeutig als Johannes Brahms und Robert Schumann erkannte.

Die zwei großen Komponisten der Romantik höchstpersönlich! Sie passten wie selbstverständlich in das betagte Interieur, und so wollte es kaum auffallen, dass sie bereits seit über hundert Jahren tot sein mussten.

Brahms setzte sich gleich behaglich aufs Sofa und entzündete eine seiner dicken Zigarren, während Schumann, ein wenig missmutig blickend, neben dem Flügel stehen blieb und Jacottets holperndem Klavierspiel zuschaute. Die Situation war deswegen pikant, weil sich die alte Dame gerade recht erfolglos an einem Stück von Schumann selbst versuchte.

"Warum spielt sie meine Werke, wenn sie keine Triolen kann?", fragte er finster. Die Frage war an mich gerichtet, denn Frau Jacottet – es war offensichtlich – konnte den Besuch aus dem letzten Jahrhundert weder hören noch sehen.

"Sie macht doch Fortschritte", übertrieb ich.

Schumann runzelte die Stirn, nahm sich einen Keks und setzte sich zu Brahms auf das Sofa. Im Angesicht dieser beiden Titanen fiel mir das Unterrichten deutlich schwerer, sah ich mich doch zwischen der alten Dame und den beiden alten Herren wie gefangen, zur Vermittlung gezwungen.

Doch ich musste mich allmählich daran gewöhnen: Schumann und Brahms wurden während meiner Klavierstunden bei Frau Jacottet Dauergäste. Immer wieder kamen sie kurz nach Beginn des Unterrichts herein, stritten ein wenig harmlos miteinander oder schimpften über das bemühte Klavierspiel der alten Dame. Doch meistens setzte sich Brahms rauchend aufs

Sofa, während Schumann neben mir stand, mehr Kekse aß, als ihm gut tat und Frau Jacottets dünne Finger beobachtete. Oft genug schüttelte er den Kopf und sagte: "Was für ein Anschlag! Jedes Piano erdrosselt sie, jede zarte und langsame Stelle zermalmt sie wie ein Walross!" Und Brahms sekundierte verschmitzt vom Sofa aus: "Sie spielt das falsche Stück. Dein Soldatenmarsch würde ihr gewiss zackig von der Hand gehen. Mir scheint, du hast ihn geradewegs für sie komponiert, Robert!" Schumanns Kopfschütteln daraufhin war ein Verdikt: "Sie lernt nichts dazu. *Meine* Schuld ist das nicht!"

So kritisch waren die beiden nicht immer. Ab und zu gaben sie mir vom Sofa aus Ratschläge, wie ihre Werke zu spielen seien: "Sorgen Sie dafür, dass sie das Ritardando einen halben Takt früher beginnt. Und sie soll den Bass stärker betonen." Oft genug war ich den Tränen nahe angesichts meiner denkwürdigen Stellung im Triangulum zwischen Frau Jacottet und den beiden Romantikern. Wer konnte sich schon rühmen, die authentischen Anweisungen des Komponisten selbst weitergeben zu können! Als Dank ließ ich die Dame nun öfters ihre Kompositionen spielen und mied die Werke der anderen Romantiker. Sollten doch Schubert, Chopin oder Liszt ebenfalls durch die Tür kommen, dann würden auch ihre Werke häufiger gespielt.

Mit der Zeit wurden wir besser miteinander bekannt. Nicht selten, vor allem, wenn Frau Jacottet längere Stücke zu spielen hatte, setzte ich mich zu den Komponisten auf das Sofa und sprach mit ihnen über dies und das, vermied allerdings alles, was einen Hinweis auf das einundzwanzigste Jahrhundert gab.

Diese abstrakte Zahl, ja alles Zeitgebundene war in diesem Raum bedeutungslos. So wie ein Musikstück den Hörer auf die unausweichliche Reise vom Beginn bis zum Ende geleitet, bei jedem Erklingen erneut; mit dem ersten Ton in seine eigene Zeitlichkeit entführt und ihn mit dem letzten wieder entlässt, so lebte die Romantik in jeder Klavierstunde für uns erneut auf. Wir waren für diese Stunde nicht durch Jahrhunderte getrennt, wir selbst waren ein Nocturne, wöchentlich wieder und wieder musiziert. Kannten kein Vorher und gewiss kein Nachher.

Auch der hanseatisch-steife Brahms taute mit der Zeit auf, wurde richtig leutselig. Als ich einmal mit Schumann zu Jacottets stolpernden Klavierklängen einen Walzer zu tanzen versuchte, lachte der sonst so stille Brahms herzlich und klatschte munter den Takt mit, worauf ihm der Zigarrenstummel aus dem Mund und auf den Teppich fiel. So sehr wir uns auch bemühten und alle drei auf dem Boden knieten und rieben, während unsere unbeirrte Pianistin uns wie Balletttänzer begleitete – der Brandfleck blieb.

Eines Tages kamen die beiden alten Herren polternder als sonst, geradezu erregt in ein Gespräch vertieft. Schumann heftig gestikulierend, Brahms immer wieder den Kopf schüttelnd. Während die Komponisten auf das Sofa zuhielten, sah ich, dass Brahms ein Notenblatt in der Hand hielt, undeutlich konnte ich handschriftliche Noten erkennen. Hatte er komponiert?

Aufgeregt beendigte ich Jacottets Chopin-Versuche, „sehr schön, das klingt doch schon so, wie es sein muss!", und bat sie, mir noch einmal Schumanns Papillon vorzuspielen.

Während ich mich aufs Sofa setzte, reichte mir Brahms schon ungefragt das Notenblatt mit den Worten: „Ich hab mal wieder was geschrieben. Es scheint in eine ganz neue Richtung zu gehen. Schumann gefällt's jedenfalls gar nicht."

„Intermezzo op. 123" stand oben. Mir zitterten die Finger – Brahms hatte tatsächlich etwas Neues geschrieben, im 21. Jahrhundert, und ich war der Erste, der es zu sehen bekam. Auch wenn seine Handschrift schwer zu lesen war, erkannte ich sofort, wie modern das Stück war.

Gänzlich unpädagogisch drängte ich die alte Dame von der Klavierbank. „Ich hätte da ein Stück, Frau Jacottet, das wäre etwas für Sie. Wollen Sie das nicht spielen?" Setzte mich, Brahms' Intermezzo auf dem Pult, und spielte die unerhörte Musik. Fast atonal, sich jeglicher Melodie verweigernd, harmonisch kaum auf eine Zieltonart festzulegen! Unglaublich – welch ein mutiger Vorgriff auf das 20. Jahrhundert!

Frau Jacottet holte mich allerdings schnell ins Hier und Jetzt zurück: „Was ist das denn? Nein nein, so was spiele ich nicht, das klingt ja furchtbar. Weg damit!" Und mit entschlossener Bewegung nahm sie die Noten vom Pult und warf sie beiseite.

Brahms war außer sich. Mit schnellen Schritten kam er, nahm sein Stück, bevor ich es für die Nachwelt retten konnte, und verließ das Zimmer. Als er die Tür hinter sich zuknallte, meinte ich bei Frau Jacottet ein reflexhaftes Zucken zu erkennen. Vielleicht hatte sie doch etwas davon gehört.

Nicht lange darauf starb Frau Jacottet überraschend. Meine für mich so beglückenden wöchentlichen Zeitreisen fanden damit ein jähes Ende. Die Wohnung der alten Dame wurde verkauft, was mit den Möbeln geschah, weiß ich nicht, und auch nichts über das Schicksal meiner beiden Freunde aus dem vorletzten Jahrhundert, Brahms und Schumann.

Es geht mir nicht aus dem Kopf, dass sie seitdem durch die Straßen des 21. Jahrhunderts irren und keine Bleibe finden. Immer wieder halte ich Ausschau nach ihnen, würde sie gerne bei mir beherbergen. Denn auch ich habe einen Flügel, und nicht weit davon ein Sofa, moderner zwar als das von Frau Jacottet, aber groß und stabil genug für drei alte und leicht übergewichtige Herren.

Falls Sie also zwei Männer auf der Straße sehen, merkwürdig altertümlich gekleidet und mit ehrwürdig weltverlorenem Blick, der eine bärtig und mit gebücktem Gang, der andere stets aufrecht steif und ein wenig finster dreinblickend, so wäre ich für einen Hinweis dankbar. Bei mir hätten die beiden eine Bleibe, sicher für die nächsten hundert Jahre.

Müsli

Nahrungsmittel oder Weltanschauung?

Müsli – ein Zauberwort, ein Schlachtruf, eine Losung, die für Frieden, Einklang mit der Natur und Menschlichkeit steht. Eine Kulturleistung ist es, ja mehr noch: ein Gottesdienst, wenn die einzelnen Bestandteile in die steilwandige Müslischüssel geschüttet werden, vermengt und schließlich in Milch getaucht. Eine Kommunion in Haferflocken und Milch statt Brot und Wein. Die Gabenbereitung des säkularen Menschen. Welchem Gott wird geopfert? Dem des Feuers, des Wassers und der Fruchtbarkeit? Oder mittlerweile dem des erfüllten Lebens, der Selbstgenügsamkeit und des guten Gewissens! Dem Gott der Rosinen, dem der Nüsse? Ganz gewiss aber der Göttin der Apfelstücke!

In der Müslischüssel scheint vollendet, was außerhalb eine bloße Utopie ist: das friedliche Zusammenleben einzelner Individuen. Das Aufgehen des Einzelnen innerhalb eines großen Ganzen. Sozusagen die zentraleuropäische Antwort auf Gandhi. Müsli, Hollandrad und Strickpullover als Dreieinigkeit des besseren Menschen.

Es ist ein schöner Schein, und doch ist er trügerisch! Wer die Augen vor der Wirklichkeit nicht ängstlich verschließt, wird beobachten können, was in der Müslischüssel wirklich geschieht.

Es sind schreckliche Dinge!

Flocken nennt man sie, als würden sie schwebend herabgleiten wie Schneeflocken, zart und leise herniedersinken, bis sie den ganzen Boden bedecken. Aber es sind keine Flocken, es sind zerquetschte Körner. Bestialisch zugerichtete Keime, deren Lebensmark herausgepresst worden ist, an denen noch Fetzen von Haut und Spelz hängen. Jede Flocke ein Torso, dessen Inneres nach außen gekehrt ist, dessen zugrunde gerichteter Leib bei der geringsten Erschütterung zerreißen kann.

Und diese Leiber werden aus größter Höhe in die Tiefe gestürzt. So sehr sie sich auch an der Verpackung festzuhalten suchen, dem Fall entgehen wollen, so stürzen sie doch alle hinab in die Tiefe, im freien Fall, bis sie durch die Wucht des Aufpralls explodieren. Da zerfetzt es die einen, da zerteilt es die anderen. Nicht wenige werden wieder emporgeschleudert, nur um wiederum aufzuprallen und unter ihrem Gewicht andere Flockenleiber zu ersticken.

Dann plötzlich ist Ruhe. Fast glaubt man ein leises Stöhnen zu hören, ein Wimmern der vielen Verletzten, ein Röcheln der Sterbenden. Doch nur Ahnungslose denken, dass es nunmehr vorbei ist. Es war nur der Anfang. Denn schon kommen sie, die Apfelstücke, klein gescheibelt, geschält und gehäutet, entkernt und entgrätet, mit scharfem Messer zertrennt. Sie fallen herab, die kantigen und spitzen Stücke, tödlichen Wurfgeschossen gleich. Sie fallen, nehmen an Geschwindigkeit zu und bohren sich in den leblosen Haufen der Haferflocken. Wären sie nicht viel größer als die Flocken, würden sie sich wie Speere in die zerquetschten Leiber hineinbohren. So aber zerteilen sie die Masse, schneiden scharfe Grate in den sanften Hügel, verursachen Erdrutsche und Canyons. Die Entstehung der Welt kann nicht grausamer gewesen sein.

Und dann, wenn sie schon liegen, die Apfelstücke, wenn sie die Flocken unter sich begraben haben und es sich wie die Herren auf den Sklavenkörpern bequem gemacht haben, dann erst lassen sie ihr Gift verströmen. Langsam geben sie ihren sauren Saft ab, langsam löst sich die Haut der Flocken auf bis das nackte Fleisch außen liegt.

Doch schon hört man wieder das leise Pfeifen in der Luft: Da fällt der schwere Tod vom Himmel. Rund und groß sind sie, wie Hufe von Elefanten, die alles unter sich begraben. Wie gegossene Betonteile regnet es sie vom Himmel, die Bananenstücke. Was den schneidenden Kanten der Apfelstücke entging, zermalmen nun die Bananen mit ihren glatten Unterseiten, die wie tödliche Saftpressen alles Leben unter sich herausquetschen und vernichten. Da spritzt es wieder hoch, da zerstieben selbst die schweren Apfelstücke wie Spielzeug. Gleich einem Vulkanausbruch, der nach einer Explosion einen Kegel hinterlässt, türmt sich nun der Abraum in der Müslischüssel. Da kleben die angefeuchteten Leiber der Flocken an den Bananenstücken, die ihnen durch ihren klebrigen Saft die Haut abziehen. Da bilden sich versteckte Höhlen und Gänge, in denen man noch Leben vermuten könnte, die aber jeden Augenblick einstürzen und alles der völligen Vernichtung preisgeben können.

Es braucht kein großes Gewicht mehr, um diese letzten Zufluchtsstätten der Flocken, um die Katakomben und Beinhäuser der Zerborstenen einstürzen zu lassen. Es sind selbst Todgeweihte, die nun durch ihren Niederfall hingerichtet werden. Rosinen nennt man sie verharmlosend. Mumifizierte Leichen längst verblichener Geschlechter sind es, der Saft des Lebens ist ihnen entzogen, getrocknet, Verwesung und Fäulnis umgibt sie, ein grässlicher Anblick, den man jedem Kind ersparen sollte. Die Ägypter haben diesen Mumien Pyramiden gebaut, wir schütten sie in ein Marterbecken.

Auch sie fallen nun in den Tod, der sie doch schon längst ereilt hat. Wie Fallschirmspringer sind sie, mutig und kopfüber, doch es sind vertrocknete Leichen, und Leichen brauchen keinen Fallschirm. Und weil sie nicht fest sind von Gestalt, sondern weich und nachgebend, prallen sie dumpf auf. Erst jetzt merkt man, dass ja noch Saft und Leben in ihnen war. Wer gleich liegenbleibt, hat es ja wenigstens hinter sich. Aber einige Rosinen wälzen sich vom Gipfel hinab ins Tal, treten eine Schuttlawine los, von der sie begraben werden. Oder von den scharfen Apfelschneiden zerteilt, dass ihr roter Saft durch die Luft spritzt. Da schlagen sie auf die unnachgiebigen Bananenstücke auf, dass sie sich bis zur Unkenntlichkeit verformen und die Innereien zerdrückt werden, dass feinste Äderchen platzen und innere Blutungen, dem äußeren Anblick entzogen, innere Verletzungen und bleibende Schäden hervorrufen.

Doch der wahre Tod kommt erst noch. Eine weiße Masse wälzt sich heran, einer Lawine gleich, zäh und dickflüssig wie Magma, doch kalt und weiß wie Eis. Joghurt klatscht in die Schüssel, spritzt auf und klebt aneinander, was gerade noch locker aufeinandergetürmt war. Jetzt wird erstickt, was vielleicht noch Leben hatte, wird vermischt und aufgequollen, wo noch Leiber und Körper zu erkennen waren.

Währenddessen fallen zischend wahrhaftige Speere vom Himmel. Sonnenblumenkerne sind es, die wie Fallbeile Rümpfe zerteilen und in die weiße Masse tauchen, sich in Luftkammern hineinstoßen, um dort letzte Lebensräume zu verschließen. Da werden noch Kanäle geöffnet in die unteren Regionen des Berges, in das weit verzweigte Netz von Bahnen und Adern. Doch nicht aus Demut geschieht es, nicht um Sauerstoff hineinzulassen, um Fluchtmöglichkeiten zu öffnen, sondern allein um dem finalen Tod den Weg zu ebnen. Die weiße Milch, so harmlos und unschuldig sie aussieht, regnet herab, die siebente Posaune erschallt, Armageddon in der Müslischüssel bricht an. Was sich geöffnet hat, wird nunmehr durchspült. Was noch trocken war, wird ertränkt, was noch atmete, wird erstickt. Alle Leiber beginnen sich aufzulösen, verlieren Form und Wesen, vermengen sich zur Masse, die einmal Leben hieß und jetzt nur noch unförmige Pampe ist.

Da ist es nun, das Müsli, was uns so treu aus der Schüssel entgegenblickt, und uns glauben machen möchte, die Welt könne jemals Frieden und Gerechtigkeit erlangen.

Oh weh, wer schon in der Müslischüssel den Blick vor dem wahren Wesen der Welt verschließt, wird nimmer Frieden finden.

Neue Märkte

"Warum ich so erfolgreich in meinem Beruf bin? Weil ich so gut Ski fahre!"

Josef Brauner, mein Chef, liebte diese Situationen, in denen er dieses Bonmot loswerden konnte. Dann lachte er sein lautes Lachen und zeigte bleckend sein weißes Gebiss. Nur um gleich wieder vertraulich zu werden: "Jahrelang habe ich mich damit zufrieden gegeben, Ski mit allen anderen zu fahren. Lift hoch, dann runter, auf präparierten Pisten, da wo alle fahren. Habe es sogar genossen, Sie wissen schon – sehen und gesehen werden. Hatte ja nichts zu verbergen. Ich meine, Körperbau, Skitechnik, das war ja alles durchaus vorzeigbar. Da gab ich insgesamt schon eine ganz gute Figur ab. Aber mal ehrlich – mit der Zeit wurde es doch langweilig."

Und hier machte er üblicherweise eine Pause, um die Spannung zu steigern. Das konnte allerdings auch nach hinten losgehen, denn viele Kunden, denen er diesen Monolog hielt, beschauten in dieser Kunstpause Brauners üppige Körpermitte, die in merkwürdigem Kontrast zu seiner Schilderung stand.

"Die Blicke der anderen, wenn ich die schwarzen Pisten runtergebrettert bin, das wurde mir zunehmend egal. Und dann habe ich eben mal Heliskiing ausprobiert. Sie wissen schon: mit dem Heli auf einen einsamen Gipfel, dann Freeride durch unverspurtes Gelände. Ganz allein in grandioser Umgebung, ohne störendes Publikum. Nur ich und der Berg und der

Schnee. Ja, und das war die Geburtsstunde für meine Konzertagentur!"

Nun, das war *ein* Gründungsmythos meines Chefs.

Ein anderer war der bloße Name, der angeblich die Idee in sich barg: *MUSIXTREME!* Der habe ihn eines Tages überfallen, und da sei ihm spontan klar gewesen, was er für eine Firma hochziehen wolle.

Beide Versionen klingen ganz gut für die Kunden. Ich persönlich favorisiere ein drittes Szenario: *Josef Brauner,* ein Name von geradezu monströser Gewöhnlichkeit. Wer nennt heute sein Kind noch Josef? Also meine Version: Brauner wollte unbedingt seinem Namen entfliehen, unbedingt etwas machen, was Abenteuer und Exklusivität in sich barg. Seine Firma als Therapie. Aber wer war ich schon? Ein kleiner Praktikant, den Brauner gerade eben als festen Mitarbeiter übernommen hatte.

MUSIXTREME. Eine Konzertagentur der besonderen Art. Mein Chef ist auf die Idee gekommen, dass sich zahlungskräftige Kunden ein Konzertereignis nur für sich alleine organisieren lassen. Aber nicht da, wo sowieso Konzerte stattfinden. Also nicht bloß ein privates intimes Konzert in einem Konzertsaal, den man für sich ganz alleine mietet. Das hatte weiland schon der bayerische König Ludwig II. gehabt, sagt mein Chef. Ließ sich Wagners Opern ganz allein im Münchner Opernhaus vorführen. Wird schon stimmen.

Nein, *MUSIXTREME* organisiert Konzertevents an ganz besonderen Locations. Angefangen hatte Brauner vor ein paar Jahren wirklich mit Konzerten auf Berggipfeln, insofern stimmt ja die Gründungslegende mit dem Heliskiing. Ich verweise mal auf unseren Firmenprospekt:

Sie lieben klassische Musik? Sie möchten Ihr Musikerlebnis nicht mit Fremden teilen? Und Sie erliegen dem Zauber eines ganz besonderen Schauplatzes? Dann lassen Sie sich von MUSIXTREME ein ganz privates und unvergessliches Konzert organisieren. Wir fliegen Sie mit einem Helikopter auf einen Alpengipfel. Platz genug für ein Streichquartett und für Sie! Ein traumhafter Rundumblick, ein Gipfelpanorama im Sonnenuntergang, unvergessliche Stille und Entrücktheit. Und Musik nur für Sie! Jeder Ton, jede musikalische Geste nur für Sie! Ein Konzert, wie es kein zweites gibt. Inklusive Premium-Catering.

Damit hat alles angefangen, sagt Brauner. Und die Heli-Sparte ist nach wie vor die tragende Säule von *MUSIXTREME*. Wobei das Angebot seitdem deutlich breiter geworden ist. Ein Klavierabend im alten Wasserwerk? Ein Violinkonzert im Kohleflöz (die Geigensolistin musste sitzen, weil der Flöz nur 1,50m mächtig war)? Ein Blockflötenquartett auf einem Hochhausdach? Ein Klavierabend in den römischen Katakomben? Haben wir alles schon organisiert.

Das Geschäft floriert, Sie glauben gar nicht, wie viele zahlungskräftige Leute sich einen ganz besonderen kulturellen Kick geben möchten. Selbst wer mit klassischer Musik sonst gar nicht so viel am Hut hat, bucht bei uns, weil unsere Locations ein wahnsinnig intensives Erlebnis versprechen. Ob die Musik dabei den Ort unterstützt oder umgekehrt – Konzerte bei *MUSIXTREME* versprechen herausgehobene "magische" Momente!

Ich – der ehemalige Praktikant – war also endlich fester Mitarbeiter. Gut genug, um die zahlreichen Telefonate zu erledigen. Musiker engagieren, unrealistische Honorarforderungen dämpfen, Catering, Schwindelfreiheit eruieren, Wetterbericht, Windgeschwindigkeiten abfragen, solche Sachen eben. Den kreativen Teil übernahm Brauner natürlich selbst, ließ sich neue Locations einfallen, verhandelte mit den Kunden.

Ich brauchte nicht lange in diesem Betrieb, um zu erkennen, dass Brauner zwar eine Marktlücke gefunden hatte, diese aber doch eher halbherzig und geradezu hausbacken besetzte. Gut, Konzerte auf Gipfeln und in Höhlen, wow. Das war's aber auch schon. Vielleicht musste man jünger sein als er oder mit dem Internet aufgewachsen, jedenfalls sah ich völlig neue Märkte, die noch ungenutzt waren. Ich warb, ich bettelte, schließlich bekam ich mein erstes eigenes Projekt!

Üblicherweise reichen wir unseren Kunden den Hausprospekt, in dem Muster-Events aufgelistet werden, fragen aber auch nach eigenen Vorstellungen. Das tat auch ich, aufgeregt wie ich war, und stellte bei meinen Kunden, einem älteren ausgemergelten Ehepaar, einen Hauch von Morbidität fest. Schnell hatte ich ein Angebot für sie, dem sie sich nicht entziehen konnten: ein mitternächtliches Orgelkonzert auf einem Friedhof!

Sie waren ganz aus dem Häuschen und baten mich inständig, dies für sie zu organisieren. Sichtung des geeigneten Friedhofs, Stromanschluss, Transport einer großen E-Orgel, Beleuchtung, Engagements eines Organisten, ich war für alles verantwortlich, mein Chef gab mir völlig freie Hand. Und es wurde ein tolles Konzert!

Natürlich war ich vor Ort, um alles zu überwachen. Entzündete selbst die über hundert Kerzen, geschmackvoll um Orgel und meine Kunden angeordnet, lauschte im Hintergrund gebannt dem gruftigen Klang der Orgel. Meine Kunden auf zwei Klappstühlen, ein Beistelltisch mit Champagner, das Ganze hatte Stil! Beim vorletzten Werk angekommen, mischte sich allerdings ein Misston in die Orgel, nein, es waren zwei Töne, die sich abwechselten, und gar nicht zur Musik passen wollten. Zunächst dachte ich, zwei Tasten klemmten, dann sah ich das pulsierende blaue Licht an der Kapellenwand reflektieren. Die Polizei! Ob das erlaubt war, was wir hier taten, hatte ich allerdings wirklich nicht recherchiert. Also zog ich sprichwörtlich den Stecker.

"Abbruch", rief ich über den Friedhof und kappte die Stromversorgung. Der Organist war zum Glück nicht schwer von Begriff, raffte seine Noten zusammen und rief unseren Kunden bereits zu: "Das Konzert ist zu Ende, Geisterstunde!" Sehr witzig! Ich half dem Organist das Instrument auf die Sackkarre zu hieven, während meine Kunden in aller Eile die Kerzen löschten. Unser Kleintransporter fuhr derweil schon rückwärts durch das Tor – mit offenem Laderaum. Und als wenige Augenblicke später zwei Polizisten mit großen Taschenlampen den Friedhof betraten, hatten wir die Orgel schon im Wagen und fuhren so leise wie möglich ohne Licht die Landstraße stadtauswärts. Flucht in letzter Sekunde! Was die Polizisten angesichts der zurückgebliebenen Champagnerflasche dachten, weiß ich nicht. Und Orgelnoten lagen wohl auch auf dem Boden, mein Organist vermisste seitdem seinen "Danse macabre".

Darauf gefasst, von meinen Kunden zurechtgestutzt zu werden, wurde ich angenehm überrascht: Sie bedankten sich überschwänglich, fanden insbesondere das Finale unglaublich aufregend. Und gaben mir ein dickes Trinkgeld.

Das war die Initialzündung für eine neue Sparte bei *MUSIXTREME*: „Forbidden Events"! Konzerte, deren Schauplatz eine zusätzliche Aufwertung erfahren, weil sie verboten sind. Brauner tat sich zunächst schwer damit, es kam ihm irgendwie unseriös vor. Aber meine Sparte boomte, und irgendwie ist er ja doch ein alter Revoluzzer.

Ein Flötenduo auf einem alten Industrieschornstein, mitten am Tag? Kein Problem. Ich miete einen Heli, lasse Musiker und Kunden dort absetzen, mit Klettergurten sichern. Den Heli in Bereitschaft halten. Den Polizeifunk abhören. Den Musikern per Headset mitteilen: "Schneller spielen, ihr habt noch anderthalb Minuten!" Dann blitzschnelle Evakuierung und Flucht, kurz bevor der Polizeihubschrauber am Tatort ist.

Und wieder bleibt nur eine Champagnerflasche zurück, die ist geradezu zu meinem Markenzeichen geworden.

Wenn die Kunden es wünschen, wird das Event auch gefilmt, der Mitschnitt in YouTube eingestellt. Ich sage ja, dafür wäre Brauner zu alt. Jedenfalls haben wir einige hymnische Kundenreaktionen in unseren Firmenprospekt aufgenommen:

Es war großartig! Nur wer je ein Beethoven-Finale unter Zeitdruck gehört hat, mit der Polizei im Nacken, kann diese jagende Musik wirklich verstehen. Wie hier alles aufs Ende hin komponiert ist, mit welcher Dramatik Beethoven immer wieder Themen verschleppt, hinauszögert, um dann doch in einer überstürzenden Stretta dem Schlussakkord entgegenzujubeln. Das ist ein wahrhaftes Finale!

Da behaupte man nicht, MUSIXTREME jage äußerlichen Effekten nach, biete bloß billigen Nervenkitzel. Nein, das äußere Setting trägt zum wahren Verständnis der Musik bei!

Gewiss, einmal ist es auch schon schief gegangen. Da haben wir es nicht mehr geschafft. Der begriffsstutzige Pianist war trotz Polizeisirene so blöde, die Wiederholungen im letzten Satz zu spielen statt wegzulassen. So war er – nachts im Naturkundemuseum zwischen diversen Saurierskeletten – noch mitten im Presto Finale, als die Polizei zugriff (und die wartete nicht erst den Schlussakkord ab). Handschellen für meinen Kunden und den Pianisten.

Worst case!

Nun, nicht ganz, denn Brauner hat gute Kontakte zum Polizeipräsidenten (auch er gehört zu unseren Kunden). Noch am gleichen Abend war mein Kunde frei, den obligatorischen Champagner gab es dann noch im Präsidium. Nur den Pianisten haben wir erst am nächsten Morgen abgeholt, so hatte er genügend Zeit und Muße über Sinn und Unsinn von Wiederholungszeichen in der Musik nachzudenken.

Außer diesem Ereignis waren aber sämtliche Events ein großer Erfolg. In unserem Büro hängen Fotos der einzelnen Konzert-Events wie Trophäen. Das Streichquartett auf dem Opel-Fließband, dem es immerhin gelang, eines der nicht enden wollenden Schubert-Quartette zu spielen und den Schlussakkord zu erreichen, kurz bevor das Fließband die Lackierstraße erreichte und Musiker wie Instrumente in stylisches Silber-Metallic gehüllt hätte.

Der Minutenwalzer von Chopin auf den Gleisen des ICEs Hamburg-Berlin. Die Zeit reichte gerade so, der Pianist hatte ordentlich Schweißperlen auf der Stirn. Immerhin musste nach dem verklungenen Schlussakkord noch der Flügel von den Gleisen gehoben werden, und der ICE war ausnahmsweise mal pünktlich!

Das Gitarrenduo im Fahrstuhl des Messetowers. Ein auf die Minute geplanter Stromausfall, die Kabine zwischen Himmel und Erde, ein wunderschönes Vivaldi-Duo bei Taschenlampenlicht, der Schlussakkord genau als der Fahrstuhl wieder ansprang. Beim Aussteigen das wartende Servicepersonal angelächelt. Völlig unschuldige Mienen. War was?

Unsere, nein, meine jüngste Event-Sparte eröffnet wiederum gänzlich neue Einsatz- und Absatzgebiete. „Subversive Events" nennen wir das Ganze. Im Prinzip ist es der anarchistische Gedanke, ein Konzert zu veranstalten und das Publikum dafür zu kapern. Jawohl, Kidnapping! Wer dafür bezahlt, dass wir mit gefesseltem Publikum ein Zwangskonzert veranstalten? Nun, es gibt genügend Altachtundsechziger, genügend gezähmte Rebellen, die in unseren Events eine Möglichkeit sehen, ohne Blutvergießen alte Rechnungen zu begleichen oder das Wilde und das Kulturelle stilvoll zu verknüpfen.

So etwa unser Harfenkonzert während der Aufsichtsratssitzung eines großen DAX-Konzerns, finanziert von einem ehemaligen, geschassten Mitarbeiter, der mittlerweile erfolgreich bei der Konkurrenz arbeitet. Wir hatten das Gebäude sorgfältig untersucht, das Sicherheitspersonal erfolgreich abgelenkt und mit Tränengas ausgeschaltet, daraufhin den Sitzungssaal gestürmt (für diese Zwecke haben wir mittlerweile eine mobile und nicht zimperliche Eingreiftruppe fest angestellt), die acht Mitglieder des Aufsichtsrats mit Kabelbinder gefesselt, währenddessen die Harfe über den Lastenaufzug in den Saal bringen lassen.

Die Konzertleiter bekamen eine Lachsschnitte in den Mund, wurden dann anständig geknebelt, so dass dem Harfenkonzert nichts mehr im Wege stand. Und was für ein Bild, als die blondgelockte Harfenistin in ihrem weißen Abendkleid den Sitzungssaal betrat und wie ein Engel zunächst eine Sonate von Händel, dann noch eine Caprice von Paganini zum Besten gab. Als Zugabe schließlich, unser Kunde hatte darauf bestanden, "Give Peace a Chance"!

Eine halbe Stunde später saßen wir alle samt Harfenistin wieder in unserem unauffälligen Lieferwagen und hatten acht nachdenkliche ältere Herren zurückgelassen. Dem Zauber der Musik kann sich eben niemand entziehen!

Mein Meisterstück allerdings, das mir in der Firma daraufhin den Rang eines gleichwertigen Kompagnons eingebracht hat, war das Konzert im Deutschen Bundestag, eine logistische Meisterleistung!

Es war der Wunsch eines Kunden. Er wollte gerne ein Konzert mit unfreiwilligem Publikum, und zwar mit den Großen der Politik, am liebsten gleich mit der Bundeskanzlerin. Die konnten wir nun nicht nach bewährter Methode fesseln und knebeln, das wäre selbst uns zu heiß geworden. Also mussten wir sie in ihrem Arbeitsumfeld aufsuchen, dort mit Musikern eindringen, und ein Konzert geben, dem sich die Bundeskanzlerin nicht entziehen konnte. Also im Plenarsaal des Bundestags, drunter machten wir es nicht! Und unser Kunde, ein alter Haudegen aus der Großfinanz, war davon sehr angetan. Er würde wie zufällig vor Ort sein und sich stillvergnügt ins Fäustchen lachen. Und natürlich die ganze Chose zahlen, und bei Gott! – das würde nicht billig!

Das Konzert-Event müsste also auf der Besuchertribüne stattfinden. Nun war es völlig aussichtslos, irgendwelche Instrumente und Notenständer durch die Sicherheitsschleusen zu bekommen, durch die jeder Besucher gehen musste. Nur *ein* Instrument konnte man unbesehen mitbringen: die menschliche Stimme! Also würde es ein Chorkonzert geben.

Unser Kunde war einverstanden, hätte am liebsten einen Knabenchor. Ein halbes Jahr vor dem geplanten Event suchte ich also einen Knabenchor, der entweder zu dieser Zeit in Berlin war oder den ich unter einem Vorwand nach Berlin locken konnte. Im Internet fand ich den Knabenchor Thüringen, der besonders oft zu reisen schien. Unter falschem Briefkopf lud ich Chor nebst Dirigent zu einer kostenlosen Studioaufnahme in Berlin ein – das konnte der Dirigent nicht ausschlagen. Nächster Schritt: Ich musste den Chor als Schulklasse getarnt beim Deutschen Bundestag als Besucher anmelden. Wiederum zeigten sich Josef Brauners alte politische Kontakte als fruchtbringend: Er fand einen Studienkollegen bei den Grünen, der sich nichts Schlimmes ahnend als Pate für die Phantomklasse einer Phantasieschule zur Verfügung stellte. Eine Woche später hatte ich die Zusage, dass mein Chor alias Schulklasse einer Sitzung des Bundestags beiwohnen dürfe. Im Entwerfen von erfundenen Briefköpfen hatte ich mittlerweile einige Erfahrung, lullte den Dirigenten in der Gewissheit ein, fünf Stunden in einem vorzüglich ausgebauten Tonstudio aufnehmen zu dürfen, wenn er und sein Chor nur gewiss auf die Minute pünktlich erscheinen würden!

Nun galt es nur noch, den Dirigenten kurzfristig aus dem Weg zu räumen, denn der hätte bei unserem Coup bestimmt nicht mitgemacht. Aber was war mit den Kindern – konnte man sich auf sie verlassen? Würden sie mitmachen und singen, wenn es im Bundestag dann zur Sache ging? Oder würden sie die Schockstarre bekommen oder gar weinen?

Ich mietete mir einen erfahrenen Chordirigenten, gab ihm alle Noten, die mir der "echte" Dirigent mittlerweile zur vorgetäuschten Aufnahme zugeschickt hatte. "Kein Problem", meinte er lakonisch. "Wenn ich den Kindern ihren Ton ansinge und den Einsatz gebe, singen die. Die sind so darauf gedrillt, da kannst du dich drauf verlassen."

Der wirkliche Dirigent des Knabenchores war ein harter Knochen. Er weigerte sich bis zuletzt, mit dem Chor in Konzertkleidung anzutanzen, das sei für die Studioaufnahme doch völlig irrelevant, und die Kleinen würden sich immer so schnell bekleckern. Erst als ich das Ganze abzusagen drohte, gab er nach.

Der Tag des Auftritts kam, der Bus mit dem Chor war unterwegs, es galt letzte Vorbereitungen zu treffen. Zunächst ein anonymer Anruf bei der Sicherheitsfirma des Bundestags. Einer ihrer Mitarbeiter sei ausgetauscht worden, jemand habe sich seiner Uniform bedient und streife nun als angeblicher Wachmann beim Plenarsaal herum.

Dann zu der Fleischerhalle gefahren, die als angebliches Tonstudio herhalten musste. Als der Bus kam, war ich schon zur Stelle. Während sich die Knaben im Bus die Nasen plattguckten, zog ich mit dem Dirigenten und einer Mutter, die als zusätzliche Aufsicht mitgefahren war, in ein winziges leer stehendes Büro, das ich heute Morgen mittels eines Nachschlüssels gekapert hatte. Die Einladung zu einem Kaffee wurde gerne angenommen, bevor man letzte Details klären müsse. Dazu kam es aber nicht – im Kaffee entfaltete ein starkes Schlafmittel schnell seine Wirkung. Ein Angestellter von uns behielt die beiden im Auge, während ich in den Bus stieg und dem Fahrer das neue Ziel mitteilte: der Deutsche Bundestag! Durchs Mikrofon verkündete ich den Kindern die Neuigkeit: Statt einer langweiligen Aufnahme werde man jetzt vor der Bundeskanzlerin singen, sei das nicht toll? Gejohle, Geschrei, Abklatschen – Auflehnung klang anders.

Es klappte auf die Minute: Wir meldeten uns an, die Kinder kamen in ihren süßen Konzertanzügen problemlos durch die Sicherheitsschleuse, nur ein paar Schokoladen und eine Spatzenschleuder wurden konfisziert. Auf der Tribüne angekommen, saßen da schon der gemietete Dirigent und unser Kunde, dem ich stumm lächelnd zunickte.

Nun kam Brauners großer Auftritt: Er hatte sich mit einem falschen BND-Ausweis bei der Sicherheitsfirma angemeldet und verlangte sofort das gesamte Personal für den Tribünenbereich zu einer Befragung. Man habe einen verdächtigen Hinweis bekommen. Das Ganze würde nur 10 Minuten dauern. Brauner muss überzeugend aufgetreten sein – kurz nachdem der Chor oben Platz genommen hatte, zogen die Sicherheitsbeamten ab. Wir hatten freie Bahn.

Kinder sind wunderbar! Wenn man ihnen ein Lied beigebracht hat, singen sie es, ob in einer kleinen Aula, einem Festzelt oder eben im Plenarsaal des Deutschen

Bundestags. Mein gemieteter Dirigent stand auf, auf seinen Wink erhob sich auch der Knabenchor, er summte einen Ton an, hob die Hände und warf einen letzten Blick hinunter in den Plenarsaal. Dort saß die Bundeskanzlerin und gab sich alle Mühe, möglichst gelangweilt dreinzublicken, weil die Opposition gerade am Zuge war.

Plötzlich fiel die Mikrofonanlage aus. Natürlich kein Zufall, wir hatten uns ins System gehackt. Also plötzliche Stille, ein Einsatz des Dirigenten und fünfzig Knabenstimmen erfüllten den großen und ehrwürdigen Raum mit ihren hellen klaren Stimmen, die so gar nicht nach einem Akt der Provokation, nach einer verbotenen Störung des geordneten Sitzungsablaufs klangen, sondern nur nach Freude und Unschuld. *Es strahlen hell die Gerechten,* so sangen sie Mendelssohns Choral, *sie leuchten im Glanze des Herrn.*

Da blickten sie hoch, die Minister und Abgeordnete, völlig entgeistert, in einer Mischung aus Verstörung und Betörung. Denn der Chor sang wunderbar, ätherisch, verlieh dem profanen Bau eine weihevolle Aura. Auch die Bundeskanzlerin war aus ihrer Lethargie erwacht und schaute mit offenem Mund nach oben. Zunächst verwirrt, dann umspielte der Hauch eines Lächelns ihre Miene, nur einen kurzen Augenblick, fast wie eine Art Zustimmung.

Es strahlen hell die Gerechten. Die treu gedient auf Erden, sie werden sein den Sternen gleich.

Und noch jemand strahlte über's ganze Gesicht: mein Kunde, den ich als so prosaischen Menschen kennengelernt hatte. Er strahlte und weinte in einem.

In so einem Moment weiß ich, warum ich im Musikbusiness gelandet bin. Das kann nur Musik!

Unser Konzert dauerte nur fünf Minuten. Kinder wieder rausbringen, in den Bus, Dirigenten wecken und abholen – all das nahm ich nur noch wie unter einem Schleier wahr. Was blieb, war das Gefühl, einen ganz großen Moment zauberhafter Musik ermöglicht zu haben.

Nun ist es also auch meine Firma, *MUSIXTREME*, Spezialist für besondere musikalische Augenblicke. Es gibt noch viele Projekte!

Die Stimme

Holger F saß wie jeden Dienstag im großen Hörsaal der mathematischen Fakultät und saß seine Vorlesung über Funktionentheorie ab. Und wie immer kam er auch diesmal kaum hinterher, die allzu schnellen Gedankengänge des Professors zu Papier zu bringen. Geschweige denn nachzuvollziehen.

Überaus korrekt gekleidet, stets darauf bedacht, auch beim schnellen Schreiben eine gute Figur zu machen, ließ der Professor seine sonore Stimme erschallen, die sich irgendwo zwischen gelangweilt und souverän bewegte. Meist sprach er zur Tafel, sah seine Studenten – als hätte es ja sowieso keinen Zweck – gar nicht an, und hatte die Unart, in der linken Hand den Schwamm bereitzuhalten, womit er, kaum dass er auf der Tafel rechts unten angelangt war, gleich links oben wieder alles auswischte, ohne jedoch den stetigen Strom seiner Erklärungen zu unterbrechen.

Früher als sonst allerdings wich heute Holgers motivierter Eifer einer resignativen Phase, schließlich einer stillen Wut, dass man hier wie der Teufel schreiben musste bis die Finger schmerzten, anstatt den neuen Stoff erst einmal auf sich einwirken lassen zu können. Ein kurzer Blick auf die Uhr: Noch zwanzig Minuten, und der Professor schien heute unbedingt noch zu den komplexen Integralen kommen zu wollen.

Längst schmerzte die rechte Hand, deren Finger sich wie ein Schraubstock um den Kugelschreiber krallten.

Bei diesem Schreibtempo würde er seine eigene Schrift sowieso kaum mehr lesen können. Holger legte den Kuli aus der Hand. Er wollte nicht mehr, er würde nicht mehr, es hatte heute keinen Sinn mehr.

Stattdessen folgte er argwöhnisch den Ausführungen des Habilitierten, der schon äußerlich so viel auf Perfektion gab, auf der Lauer nach einem Versprecher, nach Ungereimtheiten oder sogar einem inhaltlichen Fehler.

Gerade begann der Professor eine aufwendige Beweisführung, die Holger gar nicht einleuchten wollte. Eine Stimme meldete sich in ihm, die ihm einflüsterte:

Pass auf, gleich verhaspelt er sich.

Wie ein Raubtier saß Holger mit vorgebeugtem Oberkörper, verschlang gierig jeden neuen Buchstaben an der Tafel, jede neue Formel und wartete auf seine innere Stimme – bis aufs Äußerste gespannt.

Und dann war es so weit:

Falsch! rief ihm die innere Stimme zu, *alles falsch. Jetzt hat er sich reingeritten, da kommt er nicht mehr raus.* **Wie peinlich!**

Holger starrte ungläubig an die Tafel, er konnte keinen Fehler entdecken, er verstand sowieso nichts mehr von diesem Beweis.

Doch, es ist falsch.

Die innere Stimme tobte.

Das ist deine Chance! *Jetzt kannst du es ihm zeigen. Stell ihn bloß, den arroganten Schnösel, hier vor allen Kommilitonen. Geh nach vorne und führe den Beweis selbst aus.* „Unmöglich", raunte Holger unhörbar der Stimme zu, „ich habe keine Ahnung von diesem Beweis."

Aber ich! Geh nach vorne, ich zeige dir, wie's geht!

Holger zauderte noch, doch tatsächlich – auch der Professor zögerte gerade, hielt im Vortrag inne, ging zwei Schritte zurück und beschaute prüfend die gewaltigen Formeln auf der Tafel.

Los, brüllte es in ihm, ***zeig's ihm!!!***

Und Holger zeigte es ihm. Er rief mit fester und ungehaltener Stimme durch den Hörsaal: "Was machen Sie eigentlich da, das stimmt doch hinten und vorne nicht."

Den Mitstudenten verschlug es ebenso die Sprache wie dem Professor, der eben fortfahren wollte und schon die Kreide an die Tafel setzte. Ein Raunen ging durch die Bänke, aber niemand wagte einzuschreiten.

Holger ließ sich nicht beirren, die innere Stimme jubilierte in ihm, als er aufstand und nach vorne ging. Er hörte feierliche Musik, der Hörsaal wurde in gleißendes Licht getaucht. Ohne weiter zu zögern, betrat er das Podium und nahm dem verblüfften Professor die Kreide aus der Hand.

"Anstatt in solch einem Tempo ungereimtes Zeug an die Tafel zu schmieren, sollten Sie einmal etwas genauer nachdenken. Jetzt passen Sie mal auf, wie der Beweis wirklich geht!" Die Musik gipfelte wie aus hundert Orgeln in strahlendem Dur, die innere Stimme sang in tausendfachem Chor.

Als Holger F die Kreide an die Tafel setzte, überschlug sich noch einmal das Jubilieren in ihm und verstummte dann plötzlich. Es wurde dunkel und still in ihm und um ihn herum.

Einen Augenblick verharrte er reglos, dann hört er die innere Stimme noch einmal, schon wie von Ferne:
Ätsch, reingefallen!

Drehbuch

Als ich neulich meinem alten Schulfreund Justus begegnete, sah ich ihm auf den ersten Blick an, dass er Karriere gemacht hatte. Nicht, dass ich ihm das nicht zugetraut hätte, er war immer schon ein gescheiter Bursche gewesen, zweifellos, aber eher von der stillen ernsthaften, akademischen Sorte. Einer von den kleinen Genies, die irgendwo in der Universität oder in einem Institut ihre Tage und Nächte verbringen, der Wissenschaft viel Segen bringen, aber selten dazu kommen, eine Frau anzusprechen, ins Kino zu gehen oder einen neuen Anzug zu kaufen. Und Justus' Anzug war entschieden neu, entschieden modern und entschieden zu grell. Es war – so viel Menschenkenntnis hatte ich mir erworben – nicht der Anzug eines promovierten Naturwissenschaftlers, nicht der eines genialen aber weltfremden Mathematikers, als den ich Justus aus der Schule in Erinnerung hatte.

Offensichtlich standen mir tausend Fragezeichen ins Gesicht geschrieben, denn ohne Einleitung eröffnete Justus lachend: „Da staunst du, was? Ich habe tatsächlich die Kurve gekriegt und bin Drehbuchautor geworden, beim Fernsehen!"

Ich konnte es wirklich kaum glauben: Justus ein Kreativer! Er bei der Filmbranche! Hätte er gesagt, er wäre Papst geworden, es hätte mich kaum mehr wundern können.

Justus' Schüleraufsätze hatten sich dereinst unauslöschlich in mein Erinnerungsvermögen gefressen: Abgesehen von einer geradezu hilflosen Formulierungsschwäche waren sie eine Ausgeburt an Einfallslosigkeit und Berechenbarkeit. Jede Bedienungsanleitung, jedes Arzneimittelrezept war spannender und überraschender! So genial Justus bei der Suche nach einem mathematischen Ansatz war, so hoffnungslos waren seine Ansätze, auch nur Bruchstücke einer fiktiven Geschichte zu erfinden. Und jetzt war er ein Drehbuchautor – nach seinem Anzug und dem ganzen Gehabe zu urteilen noch dazu ein gefragter!

Wir setzten uns in ein Café, Justus bestellte mit geübter Beiläufigkeit zwei Cappuccino, dann erzählte er mir seinen Werdegang.

Weil er ja schon zu Schulzeiten seine Abende vor dem PC, seine Nächte aber lieber vor dem Fernseher als über einer Lektüre gebeugt verbracht hatte, war ihm irgendwann aufgefallen, dass sich die Stories der einzelnen Filme und Serien unablässig wiederholen, dass es immer wieder die gleichen Strickmuster, die gleichen Konflikte, ja sogar die gleichen Charaktere waren, ob sie nun Kojak, Dr. House oder Perry Rhodan hießen.

Es musste Grundmuster geben, die all diesen Filmen und Charakteren zugrunde lagen. Und diese Grundmuster waren berechenbar, man musste sie mit logischen, also mathematischen Mitteln finden, vielleicht sogar beschreiben können. Also machte er sich irgendwann – mittlerweile durch das Mathematikstudium hinreichend geübt – auf die Suche nach Variablen,

Rechenoperationen und Gleichungssystemen, die man als mathematisches Modell der Handlungsmuster ansehen konnte. Und er wurde fündig.

Die Grundidee war dabei völlig simpel. Justus versuchte nur, mehrere Variablen zu addieren und diese gleich Null zu setzen. Also etwa x + y + z = 0. Wobei x ein Charakterzug des einen Darstellers war, y der einer anderen Person, z aber ein Ereignis – und die Null stellte die finale Lösung aller Probleme dar, mit denen ein Film oder eine Geschichte stets endete.

Eine Person x, die unter ihrem übermächtigen Vater leidet, kommt also mit Findelkind y – ohne Vater aufgewachsen – zusammen. Es ereignet sich z, beide sind plötzlich auf sich gestellt. Die Addition der einzelnen Koeffizienten x, y und z ergibt, dass x sich in rührender Weise um y kümmert, und sich auf diese Weise von seiner eigenen schlimmen Kindheit lösen kann. Die Gleichung geht auf, alle Koeffizienten ergeben Null, alle Probleme lösen sich. Abblende.

Mit jeweils einer einzigen Variablen für einen Charakterzug oder ein Ereignis kam freilich nur absolut stupider Kitsch heraus. Ganz anders wurde es, wenn man die Matrizenrechnung heranzog, also ein mathematisches Verfahren, das einem erlaubte, einer Person gleich ein Dutzend Charakterzüge zuzuordnen oder ein Ereignis mathematisch derart zu beschreiben, dass daraus logisch hervorging, wie welche Person auf das Ereignis reagieren würde.

Eine Person mit einem ausgeprägten Koeffizienten von Sentimentalität z.B. würde ganz anders auf das

Treffen mit einem Jugendfreund reagieren als ein Mensch mit großer Neigung zum Sozialneid. Ein Mann mit ausgeprägten Koeffizienten von Wut, Spontaneität und Leidenschaft benötigt ein ganz spezielles Ereignis, um ihn zum Eintritt in einen geistlichen Orden zu bewegen. Etwa ein Ereignis mit negativen Koeffizienten von Liebe (also enttäuschter Liebe) oder einem visionären Gefühl vom Eins-Sein mit der Welt – also einem plötzlichen Nullsetzen aller Koeffizienten.

$x_1 + x_2 + x_3 + y_1 + y_2 + y_3 = 0$ hieß also, dass drei Grundeigenschaften einer Person x drei Ereignissen oder Fremdeinwirkungen y ausgesetzt waren. Dass diese Gleichung Null ergab, also aufging, bedeutete dabei, dass die einzelnen Charakterzüge und Ereignisse logisch zusammenpassten, dass sie in Beziehung zueinander traten und es zu einem nachvollziehbaren Ergebnis kam. Das konnte dabei die Hochzeit des Paares, die Auswanderung des Hauptdarstellers oder der Schulterschluss ehemaliger Feinde sein. Ging eine Gleichung nicht auf, wurde also nicht Null, so gab es kein befriedigendes Ende, die Geschichte hing noch in der Luft – man musste weitere Charaktere oder Ereignisse hinzufügen, bis sich alles zu Null wegkürzte.

Ganz klar: Alleine hätte er es nicht geschafft. Erst die Zusammenarbeit mit einem befreundeten Psychologen brachte den Durchbruch. Justus, dieser ehemals so unkommunikative wie langweilige Zeitgenosse, erfand den mathematischen Ansatz, Charaktereigenschaften als Koeffizienten einer Matrix zu deuten. Aber die psychologische Interpretation eines komplexen Ausdrucks bedurfte eines geschulten Auges. Eine interessante Zusammenarbeit begann: Der Psychologe stellte eine ganze Datenbank von Charaktereigenschaften zusammen und brachte sie in einen logischen Zusammenhang, Justus mathematisierte das Ganze.

Zu Beginn der Arbeit erschuf Justus lösbare Matrizen und Gleichungen, ohne die geringste Vorstellung zu haben, welche Ereignisse oder Personen sich darunter verbergen würden. Mit der Zeit aber lernte er seine Matrizen immer mehr kennen. Er sah seinen Zahlenungetümen bereits ihre Charakterzüge an, gewöhnte sich, in der ersten Zeile die grundsätzliche Empfänglichkeit eines Menschen für Liebe, Hass und Begierde einzutragen, gewöhnte sich daran, jedem neuen Charakter einen Koeffizienten zu geben, dessen Betrag deutlich über den anderen lag, also einen deutlich herauszulesenden Hauptcharakterzug, gewöhnte sich daran, niemals zu wenig Mut in das entsprechende Feld der Matrix einzutragen, weil sich dieser Koeffizient so hervorragend mit den Eigenschaften der übrigen Protagonisten ausmultiplizieren ließ, was oft zu überraschenden Handlungsmustern führte. Und er gewöhnte sich daran, einzelnen Charaktereigenschaften einen Verzögerungsfaktor zu implementieren, damit diese erst im Laufe der Handlung (als überraschendes Moment) zur Geltung kamen.

So aufwendig und kompliziert auch dieser Lernprozess war, bevor das erste akzeptable Drehbuch aus seinen Gleichungen hervorging, so flüssig und mühelos ging ihm die Arbeit mittlerweile von der Hand.

Eigentlich besorgte alles der Computer. Justus fütterte ihn mit einigen grundsätzlichen Koeffizienten, einer seelischen Entwicklung, einer gewagten Charakterkonstellation oder ließ einfach den Zufallsgenerator wüten – der Rechner suchte dann selbständig nach geeigneten Matrizen, bis er lösbare Gleichungen fand und ausdruckte. Und fertig war das Drehbuch. Das ging in Sekundenschnelle. Ein Plot aus dem Transvestitenmilieu, ein Katastrophenfilm im Polarmeer, die Lebensbeichte eines Rentierhirten – oder gleich alles in einem? Alles kein Problem, Justus hatte im Nu ein paar Zahlen eingegeben und schon spuckte der Computer Dutzende von Möglichkeiten aus, jede einzelne nur noch in Prosa zu übersetzen und dann sofort verfilmbar.

Und Justus' Drehbücher wurden immer ausgefeilter. Vorbei die Zeiten, da sich die ewig gleichen platten Typen durch Soaps und Spielfilme quasselten, mit ewig gleichen Dialogen und austauschbaren Drehorten.

Justus erlernte die Kunst, aus einem ernsthaften Drehbuch ein Meisterstück der Ironie zu machen, indem er einzelne Charaktere der Darsteller übertrieb – also deren Koeffizienten verdoppelte oder verdreifachte. Sofort kamen brillante überzeichnete Meisterstücke der Ironie zum Vorschein, in denen sich die Menschheit mit ihren Eigenwilligkeiten zum Tränenlachen widerspiegelte.

Oder der Melodram-Faktor! Ein einziger Vorzeichenwechsel an der richtigen Stelle genügte, um aus einem Happy End ein Melodram zu machen, bei dem alles schrecklich-schön endete.

Justus' jüngste Errungenschaft schließlich war die von ihm programmierte Software, die nach der Eingabe der Charakter-Koeffizienten nicht bloß die Umrisse einer Handlung ausspuckte, sondern das fertige Drehbuch mit sämtlichen Dialogen. Hier schien sich seine so ausgeprägte Einfallslosigkeit als die wichtigste Begabung entpuppt zu haben: Der Schulaufsatzversager erkannte nicht nur bei sich, sondern in jeglicher Kommunikation Standardisierungen, Worthülsen und immer gleiche ablaufende Dialoge.
Ich liebe dich!
Wenn ich dir je etwas bedeutet habe...
Lass uns noch einmal von vorne beginnen!
Also los, Jungs. Den schicken wir zur Hölle!
Nachdem Justus gemerkt hatte, wie gut er spontan eine stummgeschaltete Fernsehserie synchron mit Text unterlegen konnte, war die Sache klar: Die offensichtliche Berechenbarkeit der Dialoge roch geradezu nach Mathematik.

Mittlerweile gelang es seiner Software, in Sekundenschnelle immer neue Drehbücher mit scheinbar immer neuen Handlungen auszurechnen. In Wirklichkeit bestand alles Neue aber – wen könnte es wirklich wundern? – aus nur immer neuen Kombinationen der ewig alten Charaktere, Verwicklungen und Dialoge.

Plötzlich unterbrach Justus seinen Lebensbericht und blickte einem vorübereilenden Passanten nach. "Wut plus Acht", sagte er nachdenklich, "sieht man selten!" Ich sah davon gar nichts, bloß ein vorbeihuschendes

Wesen mit gebücktem Gang und wehender Jacke. Was meinte er bloß?

Dann schaute Justus mich mit geneigtem Kopf nachdenklich an und begann einige Ziffern zu murmeln, mehr vor sich hin als für mich bestimmt: "Drei, Vier, minus Zwei, in der zweiten Spalte dreimal die Fünf." Auf die Frage, was er denn da tue, musste er herzlich lachen, wurde aber gleich wieder ernst.

"Ich überlege mir gerade deine Matrix. Deine grundsätzlichen Charaktereigenschaften kenne ich ja noch so ungefähr, den Rest sieht man dir an. Eitelkeit bekommt nur eine Zwei, Machtwille eine Drei, tja höchstens bei der Wollust, da weiß ich es nicht so genau." Und grinste bedeutungsvoll.

Mir war nicht wohl bei dem Gedanken, als mathematischer Term angesehen zu werden. Aber Justus nickte bereits und fuhr fort: "Weißt du, deine Matrix und meine eigene, und unser Wiedersehen hier – eigentlich steht mein Drehbuch bereits fest. Ich weiß schon, wie´s ausgeht. Vielleicht lässt sich was Brauchbares daraus machen!" Eilig holte er aus dem Sakko einen abgegriffenen Notizzettel und notierte eine mathematische Formel.

Als wir uns kurz darauf verabschiedeten, überlegte ich noch, ob ich ihm schnell ein Messer in den Rücken jagen solle, um seine schöne Drehbuch-Gleichung als Lüge zu entlarven, aber wahrscheinlich hatte Justus einen versteckten oder verzögerten Koeffizienten in meine Matrix eingebaut (Faktor 10 für skurrilen Hass oder Neid), der mein so spontanes Tun nachträglich als logische Konsequenz aus meinem Charakter und unserem nur scheinbar zufälligen Wiedersehen dargestellt hätte. Oder er hätte seinen Tod einfach blitzschnell als Melodram erscheinen lassen, meine Charaktereigenschaften sämtlich mal minus Eins genommen und wäre vor der im Abendrot erglühenden Skyline Frankfurts einen furchtbar schönen Tod gestorben.

Abblende.

Das gelbe Buch

Frau Fachinger war eine gute Bibliothekarin. Nicht nur weil sie freundlich und kompetent ihre Kunden beriet und bediente, sondern weil sie ihre Bücher liebte.

"Ihre" Bücher – das ging ihr immer wieder über die Lippen. Es waren tatsächlich ihre Kinder, 12.000 Stück an der Zahl. Ihre kleinen Lieblinge. Allesamt waren sie reizend, und jedes doch so verschieden. Da gab es die ganz Kleinen, die Taschenbücher, die besondere Pflege brauchten, weil sie leider allzu schnell unansehnlich wurden. Ein Eselsohr, ein Kaffeefleck, wie die kleinen Kinder!

Da gab es die Bestseller, die man als stolze Mutter wie ihre wohlgeratenen Zöglinge besonders gerne vorzeigte, über die man sprach, die aber leider nie zu Hause waren, weil alle Welt sie sehen respektive lesen wollte. Es gab die bibliophilen Leckerbissen, die aufwendigen und teuren Geheimtipps, die nicht in jeder Bücherei stehen, sondern etwas von den Vorlieben von Frau Fachinger verrieten. Die leider viel zu selten ausgeliehen wurden. Es gab die Krimis, deren billiges Papier und reißerischer Einband schon den schmuddeligen, aber begehrenswerten Charakter verrieten – Frau Fachinger wusste schon im voraus, welche Bücher nach kurzer Zeit völlig zerlesen, mit Kaffeeflecken beschmiert und mit Eselsohren gespickt sein würden.

Und es gab eine namenlose Masse von Büchern ohne Eigenschaften, Anschaffungen ihrer Amtsvorgänger, unangeforderte Zusendungen von Verlagen, Bücher, die selbst Frau Fachinger überhaupt nichts sagten. Aber alle wurden in die Regale eingeordnet und ins Register eingetragen.

Es begann mit einem Anruf kurz vor Ladenschluss. "Liebe Frau", quäkte eine Stimme undefinierbaren Alters in das Telefon, "wären Sie so nett und würden einmal nachschauen, wie oft mein Buch in Ihrer Bibliothek ausgeliehen wurde?" Frau Fachinger bemühte sich wie immer um einen unverbindlichen Tonfall: "Welches Buch bitte, wie ist Ihr Name?" – "Hella Nordsen, mein Buch heißt IM NIEMANDSLAND DER LIEBE!" Die Bibliothekarin schüttelte den Kopf: "Ich glaube nicht, dass wir das haben." – "Doch, doch. Sie haben es. Ich habe es Ihnen damals eigenhändig vorbeigebracht."

Tatsächlich erinnerte sich Frau Fachinger plötzlich an die alte schlaksige Frau, die vor mindestens fünf Jahren ein Buch auf ihren Schreibtisch gelegt hat und mit stolzer Stimme gesagt hatte: "Dies ist mein Buch. Wären Sie so nett und würden Sie es in Ihre Bibliothek aufnehmen?" Sie war die einzige Autorin, die bislang selbst ihr Werk in die Bücherei gebracht hatte!

Frau Fachinger suchte im Regal, fand auch glücklich das zitronengelb eingebundene Werk IM NIEMANDSLAND DER LIEBE, und schaute hinten nach den Stempeln der einzelnen Ausleihtermine. Doch das eingeklebte Blatt Papier war leer, das Buch also noch kein einziges Mal gelesen. Es fiel ihr nicht leicht, wieder zum Hörer zu greifen, und der Autorin zu gestehen, dass ihr Erstlingswerk bisher noch niemals ausgeliehen war. Frau

Nordsen blieb einen Augenblick stumm, dann seufzte sie vernehmlich: "Ach, auch bei Ihnen nicht? Steht es vielleicht ungünstig, dass die Leute es gar nicht finden können." – "Wenn es jemand sucht, kann er es auch finden", sagte Frau Fachinger, bereute diesen Satz aber im gleichen Augenblick. Frau Nordsen seufzte noch einmal, verabschiedete sich und legte auf.

Die Bibliothekarin blätterte in Gedanken versunken das äußerlich wahrlich auffällige Buch durch.

"Ich möchte niemals wieder zurückkehren, Robert, verstehst du? Niemals wieder!", las sie. Oder auf einer anderen Seite:

Maria legte ihren von der Sonne gebleichten Mantel auf die schwere Eichenkommode, drehte sich dann auf dem Absatz herum und zischelte ihn an: "Du hast mir nie gesagt, wie sehr du an Marianne hängst. Ich glaube, du wirst sie niemals vergessen!"

Frau Nordsen schien das Wort *niemals* zu lieben. Und Ausrufezeichen, es wimmelte nur so davon in ihrem Buch. Die Sache war ganz klar: Die einen waren durch den grellen Einband so verstört, dass sie das Buch erst gar nicht in die Hände nahmen, und die anderen legten es spätestens nach dem flüchtigen Durchblättern wieder ins Regal zurück. Das Buch IM NIEMANDSLAND DER LIEBE war das schlechteste Werk, das Frau Fachinger jemals in den Händen hatte, so viel war klar. Dennoch oder gerade deswegen begann sie sich dafür zu interessieren.

Es war mehr so eine Art Experiment. Zwei Wochen nach dem Anruf der Autorin lag das fragliche Buch im Schaufenster, eingebettet in ein zitronengelbes Ensemble von Krepppapier und Seide. Frau Fachinger hatte keine Mühe noch Kosten gescheut, das Buch so attraktiv wie möglich auszustellen. Mit großen Buchstaben hatte sie auf eine Pappe geschrieben: IM NIEMANDSLAND DER LIEBE! *Eine Frau öffnet den unermesslichen Schatz ihrer persönlichen Erfahrungen! Ein packender Liebesroman!*

Auch Frau Fachinger hatte nicht mit Ausrufezeichen gespart, um das Buch anzupreisen, das sie im Übrigen selbst noch nicht gelesen hatte. Aber dass es um Liebe und Leiden ging, stand außer Frage.

Die Präsentation wirkte. Viele Besucher nahmen das Buch, blätterten es durch, setzten sich vielleicht dabei oder fragten sogar nach, was es denn damit auf sich habe. Doch spätestens dann war Schluss – die gelbe Scheußlichkeit landete unwiderruflich wieder im Schaufenster. So viel Mühe sie sich auch gab, Frau Fachinger konnte keinen Leser dafür finden. Nach einem Monat gab sie auf – IM NIEMANDSLAND DER LIEBE verschwand ungelesen wieder im Regal.

Doch der Anruf von Frau Nordsen ging ihr nicht mehr aus dem Kopf. Was hatte die alte Dame wohl damit gemeint: *Auch bei Ihnen nicht.* Hatte Sie das Buch bundesweit allen Bibliotheken persönlich vorbeigebracht? Ein paar Anrufe bei den umliegenden Büchereien schien das zu bestätigen. Überall lag das Buch IM NIEMANDSLAND DER LIEBE wie Blei in den Regalen, wenn es die Bibliothekare nicht schon längst aus dem Bestand entfernt hatten. Denn – dieses Bild zeichnete sich deutlich ab – Frau Nordsens Buch war in keiner einzigen Bibliothek auch nur ein einziges Mal ausgeliehen worden. Jetzt lief Frau Fachinger ein Schauer über den Rücken: Hatte das Buch wirklich noch keinen Leser gefunden? Konnte es das geben, dass nicht *ein* Mensch Frau Nordsens Geschichte von Lieben und Leiden gelesen hatte?

Frau Fachinger rief bei Nordsens Verlag an und erfuhr traurige Neuigkeiten. Die Autorin von IM NIEMANDSLAND DER LIEBE war vor wenigen Wochen in bereits hohem Alter verstorben. Der Roman war ihr einziges Werk geblieben. Tatsächlich hatte man kein einziges Exemplar verkaufen können. Die Buchhändler, die allesamt bloß einige wenige Exemplare in Kommission genommen hatten, lieferten alles wieder zurück, ohne dass auch nur ein Buch verkauft worden war! Der Verlag begann jetzt nach dem Tod der Autorin mit dem Einstampfen der verbliebenen Bestände, da keine Aussicht bestand, für das Werk noch ein Publikum zu finden.

Mehrere Superlativen gingen Frau Fachinger durch den Kopf: Das schlechteste Buch der Welt! Das einzige Buch ohne Leser! Der größte Misserfolg aller Zeiten! Die größte Sammlung von Ausrufezeichen!

Da sich auch in Fachingers Bücherei kein Leser für IM NIEMANDSLAND DER LIEBE finden ließ, löschte sie es aus dem Inventar und nahm es mit nach Hause. Zuerst hatte sie fest vor, es zu lesen. Das musste doch ein aufregendes Gefühl sein, der erste und wahrscheinlich einzige Leser eines Buches zu sein. Ein Roman, den Hella Nordsen nur für sie, Gabriele Fachinger, geschrieben hatte! Doch immer, wenn sie es des Abends zur Hand nahm, mit dem festen Vorsatz, jetzt zügig mit der Lektüre zu beginnen, überfiel sie eine Müdigkeit und Mattigkeit, die alle Pläne im Keim erstickten. Den ersten Satz kannte sie längst auswendig: *Robert war ein guter Mensch, der niemals die Geduld zu verlieren schien.* Doch danach dünnte sich die Erinnerung aus. Über den ersten Absatz war Frau Fachinger niemals hinweggekommen.

Gabriele nahm es schließlich als einen Wink des Schicksals. Dieses Buch sollte ungelesen bleiben! Sie stellte es gut sichtbar in ihre Vitrine. Es war ein Heiligtum, das ewig dem menschlichen Zugriff entzogen bleiben sollte. Niemals! Niemals! Niemals! Hella Nordsens Ausrufezeichen brannten sich wie ein feuriger Stempel auf den zitronengelben Einband:

Fremder, der du dieses Buch in die Hand nimmst – wisse, es ist ein verbotenes Buch.

Es ist DAS VERBOTENE BUCH. Niemand darf es lesen, niemals!

Frau Fachinger besaß das verbotene Buch und respektierte es. Mächtige Energien gingen von ihm aus, die ihr den Kopf beugten, sobald sie sich ihm näherte. Jeden Morgen kniete sie vor dem Buch nieder und ließ sich von ihm segnen. Kraftfelder bündelten sich in ihm und strahlten direkt hinauf zu den Göttern.

Frau Fachinger war eine Auserwählte!

Allegro Allergico

Was tut jemand, der an einer Krankheit leidet?

Schweigt er in Gesellschaft diskret darüber oder geht er damit hausieren? Und wenn er darüber spricht, will er und wird er Betroffenheit ernten oder Bewunderung? Ist die Krankheit ein Tabu- oder ein willkommenes Gesprächsthema? Oder gar ein Ausweis besonderer Coolness!

Es ist eine Binsenweisheit – auch Krankheiten erleben Konjunkturschwankungen, haben eine Lobby oder eben keine und unterscheiden sich vehement in ihrer gesellschaftlichen Akzeptanz. Es sei nur an die vielen Allergien erinnert, an Unverträglichkeiten und Intoleranzen. Die boomen ja gerade mächtig! Überspitzt formuliert: Wer bei einer Abendgesellschaft nicht wenigstens *eine* Allergie vorweisen kann, wird spätestens beim Dessert alleine dasitzen. Ein hoffnungsloser Langweiler!

Umso bitterer für mich, dass ausgerechnet meine Allergie überhaupt keine gesellschaftliche Akzeptanz erfährt, ja das Gros der Menschheit schlicht nicht versteht, woran ich so heftig leide.

Dabei fing es so harmlos an. Ich bin Pianist, muss täglich viel üben, am Klavier sitzen. Verrenkungen, Kraft, Verspannungen – ein echter Knochenjob. Kein Wunder, wenn der Köper sich da meldet, hier mal eine Erkältung aufzieht oder da die Haut juckt. Auffällig oft bekam ich vor etwa einem Jahr aber Juckreiz bei ganz bestimmten Werken! Bei Mozart generell selten, bei

Schumann häufiger, bei Chopin konnte ich – als ich endlich mal genau darüber nachdachte – fast sicher sein, dass bei irgendeiner Stelle des Musikstücks mein rechter Arm juckte, als würden glühende Ameisen darüber laufen. Und dann gab es die ganz schlimmen Stücke: Rachmaninoffs berühmtes Prelude in cis-moll etwa, das hielt ich nicht lange durch, schon lief mir regelmäßig die Nase und mein Atem rasselte blechern. Hörte ich auf zu üben, war der Spuk in fünf Minuten vorüber. Gut, ein sehr schweres Stück eben, ich schob es auf mangelnde Kondition. Sollte eben mehr joggen. Wenig später dann Chopins cis-moll-Walzer: kaum angefangen und schon bekam mein rechter Arm rote Pusteln. Und das war ein leichtes Stück! Kaum nahm ich die Finger von den Tasten, verschwanden auch die Pusteln.

So richtig misstrauisch wurde ich aber erst bei der Mondscheinsonate von Beethoven, die ich bereits als Jugendlicher rauf und runter gespielt habe. Als ich sie mir vor einem halben Jahr mal wieder vornahm, kam ich nicht weit. Bereits im fünften Takt ein Juckreiz im rechten Arm – es war nicht zum Aushalten! Ich musste abbrechen und jucken jucken jucken! Am nächsten Tag, völlig ausgeruht und entspannt – das Gleiche! Ich probiere es in der nächsten Zeit mit Yoga, mit fleischloser Ernährung, mit Bachblüten, mit einer neuen glutenfreien Matratze an einer Position ohne Wasseradern, mit Üben nach dem Mondkalender, sogar mit Haschisch. Alles nutzlos: Ich kam nur bis zum fünften Takt. Mein Hausarzt war so ratlos wie unmusikalisch – er wusste nicht so recht, wovon ich eigentlich sprach.

Als ich eines Tages am Klavier ein wenig improvisierte und dabei irgendwann in die Melodie der Mondscheinsonate gelangte, ging es plötzlich ohne Hautausschlag und Juckreiz. Aber wieso? Ich dachte nach, dann fiel mir auf, dass meine Mondschein-Improvisation zufällig in c-moll stattgefunden hatte – also einen Halbton tiefer als das Original. Kaum spielte ich das richtige Werk in cis-moll, war es wieder das gleiche Elend – ab dem fünften Takt glühte und juckte mein rechter Arm.

Nun war mein Forscherinstinkt geweckt. Außerdem: Wenn mich niemand verstand, musste ich eben mein eigener Arzt sein. Ich spielte die Mondscheinsonate im Forte und im Piano, in Zeitlupe und halsbrecherisch schnell, war sogar gewillt zu glauben, Beethovens Geist hetze mir die Pusteln beim ersten Flüchtigkeitsfehler auf den Hals! Schaute also Note für Note noch einmal durch – aber natürlich spielte ich alle Noten richtig.

Dennoch: Beim Üben in Zeitlupe wurde es offenbar. Die ersten Takte gingen folgenlos vorüber, vier Takte Dreiklangsbegleitung, aber kaum spielte ich den Auftakt der Melodie, war es aus. Bei jedem Tempo, bei jeder Lautstärke.

Ich analysierte andere Stücke mit Hautausschlag in der gleichen Weise und kam zu dem so simplen wie erschütternden Ergebnis: Ich war gegen das zweigestrichene "gis" allergisch! Ob Chopin oder Beethoven, ganz egal, kaum spielte ich diese schwarze Taste, rötete sich meine Haut und juckte!

Das "gis" ganz ganz leise gespielt – es kribbelte im Arm direkt unter der Haut, aber mehr nicht. Aber schon ab einem normalen Piano war es kaum auszuhalten, ab Mezzoforte begann mein Arm rot zu glühen wie bei einem Sonnenbrand. Das "gis" nur ganz kurz angespielt – nützte nichts! Der unweigerlich folgende Nadelstich war grausam, so dass ich reflexartig den Arm von der Tastatur riss. Die Nachbartöne "g" und "a" waren unbedenklich, allenfalls ein leichtes Kitzeln, meine Allergie beschränkte sich, aus welcher Laune der Natur auch immer, bloß auf diese eine Taste "gis"!

Das Ganze wäre ja zu ertragen, wenn es nur darum ginge, den Ton zu hören. Im Publikum sitzend, irgendeine Symphonie in E-Dur, in der bestimmte hundertmal der Ton "gis" erklang – kein Problem! Auch ein Pianist, der genüsslich über den Ton "gis" meditierte, verursachte mir keinen Juckreiz. Nur wenn ich selbst am Klavier saß und der Urheber des Tones war, spielte mein Körper verrückt. Die Allergie hatte wohl einige Jahre gebraucht, um ihre Symptome auszubilden, aber jetzt stand sie quasi in voller Blüte. Und nun versuchen Sie sich bitte der ganzen Tragweite des Problems bewusst zu werden: Wie sollte ich als Pianist damit umgehen?

Nur wer mit Musik gar nichts anzufangen weiß, wird meinen, dass es bei so viel verschiedenen Tönen auf den einen doch wohl nicht ankommt. Ich solle mich nicht so anstellen und ihn einfach weglassen oder ersetzen.

Nur: Lassen Sie mal bei der Mondscheinsonate das zweigestrichene "gis" weg – da bleibt nicht mehr viel übrig! Die Mondscheinsonate konnte ich also unmöglich im Konzert spielen, wenn ich das Publikum ab dem fünften Takt nicht durch eine Juckperformance und rote Hautilluminationen erfreuen wollte. Aber das Ganze zu Ende gedacht: Sollte ich alle Stücke zukünftig aus meinem Konzertrepertoire streichen, in denen das zweigestrichene "gis" vorkam? Auch da würde nicht viel übrig bleiben! Die Romantiker liebten doch die schwarzen Tasten. Chopin konnte ich vergessen, Liszt, Schumann, Brahms? Lass jucken! Rachmaninoff? Macht nur krank!

Sollte ich zukünftig mein Pianistendasein mit einer kleinen Auswahl Sonatinen von Haydn, Gluck und Stamitz fristen? Mein Manager würde sich kranklachen bei dem Vorschlag! Nein, das Problem musste anders gelöst werden. Ich wollte auch in Zukunft all die schönen Werke *mit* "gis" spielen!

Ich will Sie nicht mit einer Chronologie aller Experimente und Irrwege langweilen, mit der Aufzählung von Testaufführungen (hat im Publikum jemand was gemerkt?) und Niederlagen bis hin zu jenem denkwürdigen Klavierabend, der während des dritten Stücks sein eindrucksvolles Ende mit Finale Furioso im Notarztwagen fand.

Dies alles nur nebenbei. Aber: Ich bin stolz auf meinen Erfindergeist! Auf die vielen kleinen Tricks.

In schnellen Läufen lasse ich das "gis" einfach weg oder ersetze es durch ein anderes "gis" – fällt kaum auf. Auch der Einsatz des Pedals ist gewinnbringend. Gezielt einige Töne im Pedal verschwimmen lassen, und niemand merkt, dass da ein "gis" fehlt.

Ganz zu schweigen von meiner Klavierbank, ohne die ich kein Konzert mehr gebe. Eine gezielte Drehung der linken Pobacke, und die altehrwürdige Bank gibt wie zufällig einen wunderschönen Knarzer von sich, unter dem niemand ein fehlendes "gis" vermisst. Selbst kurzes Aufstöhnen, wie es Pianisten in Augenblicken höchster Ekstase zu tun pflegen, oder eine zuckende Kopfbewegung reichen aus – unglaublich, wie leicht das menschliche Ohr zu täuschen ist!

Ganz klar: Es war eine richtige Choreographie, die ich für jedes Konzertprogramm einstudieren musste, um diese eine Taste zu ersetzen, aber es gelang! Nahezu alle Werke behielt ich im Repertoire. Und auch die Mondscheinsonate habe ich retten können, obwohl da mit Weglassen oder so nichts zu machen war, es sind einfach zu viele "gis"! Ich spiele das Stück jetzt einen Halbton höher, in d-moll. Das merkt fast niemand und es kommt nahezu kein "gis" vor. Das ging bisher ganz famos, außer einem Mal in einer blöden Provinzkleinstadt. Da war der Flügel offensichtlich ein halbes Jahrhundert lang nicht gestimmt worden. Jedenfalls war er ein Halbton zu tief! Ahnen Sie was? Ich kam wieder nur bis zum fünften Takt, dann klang es wie eh und je nach "gis", obwohl ich einen Halbton höher griff. Aus, Ende, Abbruch.

Nun, das war eine Provinzposse, nicht mehr. Das erschütterte mich nicht nachhaltig. Ich war mit meinem Schicksal im Reinen, hatte es angenommen und gezähmt. So hätte es weitergehen können. Aber wer kann mein Entsetzen vorige Woche in Worte fassen, als ich bei einer völlig unbedenklichen Mozart-Sonate in C-Dur ohne ein einziges "gis" plötzlich Nasenbluten bekomme, dass alles Schniefen und Hochziehen nichts mehr hilft und ich mit beiden Händen unter der Nase vom Podium rennen muss, um den Flügel nicht zu ruinieren. Zwei Tage später das Gleiche – bei einer Polonaise in F-Dur.

Um es kurz zu machen: Was ich entdeckte, kam einem Schicksalsschlag gleich. Auch das eingestrichene "c", "d" und "f" sind für mich ab sofort tabu! Damit kann ich nicht einmal mehr eine Tonleiter spielen, egal welche. Und wer weiß, welche Töne morgen noch dazu kommen würden. Im Grunde war die gesamte Mitte der Tastatur für mich ab sofort gesperrt. Vielleicht sollte ich in Zukunft alles zwei Oktaven höher spielen, eine Art Mozart für Mäuse? Oder für die verbotenen Töne stets eine Mundharmonika im Mund halten, um sie zu ersetzen? Musste ich mir einen neuen Beruf suchen?

Nein! Heute Morgen kam ich durch Zufall auf die Lösung all meiner Probleme. Welch ein Glück, dass meine Nachbarn gestern so laut in ihren Geburtstag hineinfeierten. Ich trieb mir aus lauter Verzweiflung mit solcher Macht Ohrenstöpsel in die Ohren, dass es mir heute Morgen nicht gelang, sie ohne Weiteres zu entfernen. Also gab ich es zunächst auf und setzte mich mit verschlossenen Ohren ans Klavier. Musste fast lachen, weil ich wirklich fast nichts hörte von meinem eigenen Klavierspiel. Erst ab Forte hörte ich überhaupt etwas, alle leisen Passagen waren ein akustischer Blindflug. Ein stummes Erinnern, wie es klingen müsste, wenn man die Finger so und so bewegt. Dann blieb mir das Lachen im Halse stecken – hatte ich nicht schon dutzende Male "c" und "f" und "gis" und all die verbotenen Töne gespielt, ohne dass ich Hautausschlag oder Nasenbluten bekommen hatte? Das konnte doch nur eines bedeuten: Wenn ich all diese Töne nicht hören kann, dann schaden sie mir auch nicht! Und das ist meine Rettung! Ich werde in Zukunft alle Werke so üben müssen, dass ich mich selbst gar nicht mehr hören muss. Wenn ich dann mit Ohrenstöpseln oder meinetwegen auch mit Kopfhörer auftrete, kann ich alles spielen.

Vorhin habe ich die Kombinationstherapie probiert: Johann Sebastian Bach am Klavier, nicht zu laut gespielt, und "Metallica"-Musik auf meine großen geschlossenen Kopfhörer, volle Lautstärke! Es ging hervorragend, medizinisch wie musikalisch. Die Heavy Metal-Musik ist so wunderschön laut und wild, da gibt es keinerlei Interferenzen, Störungen oder Ablenkungen von meinem eigenen Klavierspiel. Ich höre gar nicht hin (Metallica), sondern verlasse mich nur auf mein inneres Ohr (Bach). Und das Beste ist: Ich habe schon meinen Manager angerufen. Er ist begeistert! Sieht ungeheure Möglichkeiten, das zu promoten!

Pianist tritt mit Kopfhörer auf!

"Ich hatte einfach einmal vergessen, die Kopfhörer auszuziehen, als ich Klavier üben wollte", so der eigenwillige Pianist. "Saß am Klavier, spielte Bach und hörte gleichzeitig noch Tschaikowsky auf den Kopfhörern. Als es mir endlich auffiel, merkte ich: Das ging prima!"

Und auf unsere Frage, ob das denn nicht störe: "Nee, für wirklich musikalische Menschen ist das kein Problem. Eigentlich Zeitverschwendung, es nicht zu machen."

Seitdem konzertiere er nur noch mit Kopfhörern. Vorlieben habe er dabei eigentlich keine. Aber dann verrät er uns doch grinsend: "Ich höre am liebsten Metallica! Tut meinem Beethoven richtig gut, der geht dann echt ab!"

Lean Management

Wissen Sie, was das ist: Lean Management, "schlanke" Verwaltung? Es ist die perfekte Methode zur Rationalisierung, erreicht durch logisches und systematisches Nachdenken. Wo können Arbeitskräfte eingespart werden, wo sind Hierarchien, Vorgesetzte und Befehlsketten überflüssig? Wo gibt es Arbeitsabläufe, die gestrafft werden können? Das ist mein Beruf. Ich straffe Betriebe und verhelfe ihnen zu einem perfekt durchorganisiertem, "schlanken" Fertigungsablauf.

Sie glauben gar nicht, wie viele einzelne Arbeitsschritte eingespart werden können: Da laufen Angestellte zehnmal hin und her, wo nach einer Neustrukturierung des Arbeitsprozesses ein einzelner Gang reichen würde. Da werden Güter transportiert und zwischengelagert und wieder transportiert – was alles Kosten und Verwaltungsaufwand verursacht – oder schließlich verschlampt. All diese Missstände decke ich durch logisches Denken und lange Erfahrung gnadenlos auf, mache Vorschläge zur Neustrukturierung und werde am Gewinn, der dabei durch Einsparung entsteht, großzügig beteiligt. Davon lebt sich nicht schlecht! Ich bin, das darf ich in aller Bescheidenheit sagen – ein gefragter Fachmann auf diesem Gebiet.

Umso unbegreiflicher ist es mir, dass das Lean Management bei mir daheim nicht so recht funktionieren will. Dass die Versuche, in meiner Wohnung zu rationalisieren, leider zum genauen Gegenteil führen.

Ja, ich muss es deutlicher sagen: So qualifiziert ich auch beruflich sein mag, daheim stelle ich mich aus unerklärlichen Gründen als logistischer Versager heraus.

Ich darf Ihnen an einem Beispiel erläutern, wie es um mich steht. Stellen wir uns vor, ich stehe vor meinem Schreibtisch und beabsichtige eine leere Kaffeetasse, die dort schon seit vier Tagen einen abgestandenen Geruch verbreitet, wieder in die Küche zurückzutragen. Kein großes Unterfangen, werden Sie jetzt denken. Man nehme die Tasse in die eine Hand, öffne mit der anderen Hand die Tür zum Flur, durchquere ihn, öffne die Tür zum Wohnzimmer, gehe hindurch bis zur offenen Küche dahinter und stelle die Tasse auf die Anrichte, oder noch besser – räume sie gleich in die Spülmaschine. Gesagt, getan?

Weit gefehlt, leider kommt es ganz anders.

Ich nehme also die Tasse in die Hand und will schon zur Tür gehen, da fällt mein Blick noch einmal auf den Schreibtisch. Es ist eine Art Reflex: Gibt es noch etwas, was ich gleich mitnehmen könnte? Ein Kaffeelöffel, ein Tellerchen mit Kekskrümeln? Sehr zu loben, werden Sie denken, sehr rationell. So kann ich mir gut einen Weg sparen. Ja, ich könnte, wenn es nicht ganz anders kommen würde. Mein Blick schweift also, findet aber nichts, was noch in die Küche gehört. Aber dort, das Telefonbuch könnte ich mitnehmen, das gehört in das Schränkchen im Flur, da gehe ich ja dran vorbei. Und dort, der Schraubenzieher, der muss in das Regal im Wohnzimmer, da komme ich fast dran vorbei. Und schließlich noch die Verlängerungsschnur, die kann ich auf dem Rückweg in den Hobbyraum bringen.

Rückweg, ha, es wird keinen Rückweg geben, nicht bis zum jüngsten Tag! Ich Thor, was tue ich, wieso setze ich mir selbst den Dolch an?

Doch ich greife vorweg: die Tasse also in der einen Hand, das Telefonbuch in der anderen, es ist leider sehr schwer. Den Schraubenzieher will ich mir in die Hosentasche stecken, aber ich habe keine Hand mehr frei. Also wieder das Buch weggelegt, Schraubenzieher in die Tasche und Verlängerungsschnur unter die Achsel geklemmt. Solchermaßen ausgerüstet, beginne ich meine Expedition in die Küche. Am Telefonschränkchen angekommen, fällt mir ein, dass ich ja dringend den Dachdecker anrufen wollte. Also nehme ich schon mal das schnurlose Telefon mit, ich kann ja auf dem Weg in die Küche schon mal nachdenken, wo ich die Nummer aufgeschrieben habe. Im Wohnzimmer erst fällt mir auf, dass ich immer noch das Telefonbuch in der Hand habe, was ich ja eben ablegen wollte, also deponiere ich es kurz auf dem Wohnzimmertisch und nehme stattdessen einen Kugelschreiber auf, der in mein Arbeitszimmer gehört. Wieder ein Geistesblitz, von dem ich mir eine weitere Rationalisierung der Hausarbeit verspreche, der aber alles nur noch schlimmer macht: Mir fällt die Telefonnummer des Dachdeckers ein, also gehe ich zurück zum Telefonschränkchen im Flur und schreibe sie auf den Memo-Block. Ach, hätte ich doch wenigstens das Telefonbuch mitgenommen, das liegt jetzt immer noch auf dem Wohnzimmertisch. Neben dem

Memo hängt ein Block frischer Briefmarken an der Pinwand, die kann ich doch gleich ins Arbeitszimmer mitnehmen. Dazu stelle ich aber die Tasse kurz ab.

Ich bin also wieder im Arbeitszimmer, habe immer noch die Verlängerungsschnur unter der Achsel. Was wollte ich überhaupt hier? Wo ist eigentlich mittlerweile das Telefon hin, das muss ich irgendwo abgelegt haben? Egal, finde ich denn nichts, was ich noch mit in den Hobbyraum nehmen könnte, da könnte ich mir doch einen Weg sparen. Da, der Zollstock, der passt noch in die Gesäßtasche. Außerdem nehme ich gleich die Altpapierkiste mit, die kann ich draußen in die Tonne ausleeren.

Muss ich noch weiter fortfahren? Ahnen Sie, worauf es hinausläuft? Nach weiteren zehn Minuten steht die Papierkiste auf dem Telefonschränkchen – nur kurz deponiert, versteht sich – der Zollstock auf dem Wohnzimmerregal, das Telefonbuch wieder auf meinem Schreibtisch, und die Tasse, ja wo habe ich bloß die Tasse hingestellt? Aber nicht etwa, dass ich mit leeren Händen dastehen würde, nein: Meine Sammlung enthält weitere Objekte, die ich gerade auf dem Weg mitnehmen kann, und es werden minütlich mehr: eine neue Zahnpastatube, ein Buch, alte Batterien, eine Glühlampe, ein Stapel Zeitschriften, mein Morgenrock.

Nach einer Viertelstunde werde ich die ganze Unternehmung abbrechen und alles im Flur oder auf meinem Schreibtisch oder auf dem Telefonschränkchen abstellen, um mir erst einmal wieder Ruhe und Überblick zu verschaffen. Was wollte ich ursprünglich? Was gehört wohin? Was kann ich auf welchem Weg mitnehmen? Wo kann ich mir einen Gang sparen? Und das Ganze beginnt unausweichlich von neuem.

Bitte sparen Sie sich wohlgemeinte Ratschläge. Ich habe es schon ausprobiert: nur einen einzigen Gegenstand in die Hand zu nehmen, um ihn zu seinem Bestimmungsort zu tragen. Vor solch eine existentielle Entscheidung gestellt, laufe ich allerdings minutenlang unentschlossen hin und her, um abzuwägen, welchen Gegenstand ich als erstes aufräume. Welcher Weg wäre am kürzesten, wo könnte ich gleich wieder etwas mit zurücknehmen? So laufe ich mehrfach durch die ganze Wohnung, um zu entscheiden, welcher Transport der rationellste wäre. Und dann nehme ich schließlich doch den Locher und die Tesarolle in die Hand, weil beides auf meinen Schreibtisch zurück muss. Nun, Sie wissen, wie es weitergeht. Nein, es hat keinen Zweck. Ich werde an meinem unausrottbaren Hang zur Rationalisierung zugrunde gehen.

Moment, was sticht mich da in der Hosentasche?

Natürlich, es ist der Schraubenzieher, den wollte ich ja eigentlich … Nur eine Sekunde Geduld: Bevor ich mir einen Schluss für diese Geschichte überlege, werde ich gerade mal rasch den Schraubenzieher ins Wohnzimmerregal bringen.

Wochenendverlängerung

Um meine Zukunft mache ich mir keine Sorgen. Da mag das Lamento so laut sein wie es will – *es gibt keine Arbeit mehr, in Deutschland ist kein Platz mehr für neue Ideen, Innovationsfeindlichkeit usw.* Findige Köpfe haben immer eine Zukunft. Ganz klar, man muss mit dem Markt gehen. Marktlücken suchen, eindringen und sie zu Geld machen. Und genau das habe ich getan. Da mögen andere studieren, forschen und theoretisieren bis sie verrentet sind, ich habe einfach die Augen geöffnet und nach meiner Marktlücke gesucht. Und sie gefunden!

Was liebt der Bürger am meisten? Freizeit.

Wann hat er am meisten Freizeit? Am Wochenende.

Was wünscht er also sehnlichst? Dass das Wochenende länger ist.

Was also tun? Das Wochenende verlängern.

Fertig.

Soviel zum Thema Marktanalyse und Ideenfindung. Alles weitere sind unbedeutende technische Details.

Gut, ich gebe zu, den Apparat zu bauen, der das Wochenende verlängert, der also die Zeit des Sonntagnachmittags nach Belieben dehnt, war keine Kleinigkeit. Aber mit einer Portion gesundem Menschenverstand, etwas Sachkenntnis und zwei nicht ungeschickten Händen war es doch keine Hexerei.

Das Gerät funktioniert mit ionisierter Luft und einem plasmatisierten Kathodenstrahl, der die Umlaufbahn der Wasserstoffelektronen vergrößert und damit den molekularen Ablauf aller zeitlich dimensionierten Prozesse dehnt. Sprich: die Zeit verlängert.

Von außen betrachtet ist es ein unscheinbarer Kasten, nicht größer als ein Ghettoblaster. Neben dem Ein/Aus-Schalter gibt es nur zwei Drehregler. Der eine bestimmt die Eingangsempfindlichkeit des Geräts, also ab welcher Uhrzeit am Sonntag – denn nur am Sonntag und an gesetzlichen Feiertagen zeigt mein Apparat seine Wirkung – es seine Zeit dehnende Funktion entfalten kann. Der andere Drehregler bestimmt das Ausmaß der Dehnung. Beide Knöpfe sind mit einem gewissen Fingerspitzengefühl zu bedienen und erfordern Einarbeitung und Übung. Doch wer würde *das* nicht gerne üben?

Ein Beispiel:

Sie sitzen am Sonntag um halb Vier am Tisch, trinken eine Tasse schwarzen Kaffee, als Ihnen plötzlich und mit ungestümer Macht klar wird, dass das Wochenende bereits fast vorbei ist, noch bevor es eigentlich angefangen hat. Wo war die Muße? Was haben Sie nicht alles machen wollen, wie viel davon blieb unerledigt?

Während Ihnen solche unerquicklichen Gedanken zu Kopfe steigen, vergeht Ihnen die Lust auf den Kaffee, denn es ist Ihnen, als würden Sie mit jedem Schluck den kläglichen Rest des Wochenendes ausschlürfen, bis nur noch ein schaler Satz bleibt.

Da fällt Ihnen mein Apparat ein. Natürlich, den haben Sie doch neulich gar nicht teuer erworben. Sie stellen das Gerät auf den Tisch, stecken den Stecker in die Steckdose, setzen sich nicht weiter als einen Meter davon entfernt und schalten den Apparat ein. Sofort hört man ein leises Brummen, während Sie sich zügig doch ohne Hast an die Feinabstimmung mittels der Drehregler machen.

Der erste Regler ist schnell justiert. Es ist halb Vier, der Zeiger muss also auf der Skala zwischen Drei und Vier positioniert werden, lieber näher an der Vier, damit das Gerät schneller anspricht. Doch der zweite Knopf will mit Gefühl bedient werden. Er hat keine Skala, also muss man sich allein auf sein Empfinden verlassen. Zwar spürt man die Wirkung des Geräts sofort, doch mit dem Ausmaß der Zeitdehnung verschätzt man sich leicht. Geht man zu vorsichtig damit um, ist die Wirkung zu gering, spürt man die gewonnene Zeit kaum mit Bewusstsein. Ist man ein wenig zu großzügig mit dem zweiten Regler, dann kann eine Überreizung an dem überlangen Abend die Folge sein, vielleicht sogar eine gewisse Langeweile, weil sich der Organismus so schnell nicht auf den plötzlichen Zeitüberfluss hat einstellen können.

Haben Sie aber alles angemessen eingestellt, verleben Sie einen herrlichen und überaus langen Sonntagabend. Ohne den schalen Geschmack des verblichenen Wochenendes erledigen Sie noch, was Sie hatten tun wollen, genießen Sie ohne Reue noch eine Stunde im Liegestuhl oder gehen mal wieder unbeschwert ins Theater.

Mein Apparat – wer hätte daran zweifeln wollen? – ist ein Verkaufsschlager geworden. Längst habe ich so viel daran verdient, dass ich mein Gerät selbst nicht mehr einzusetzen brauche, weil ich nicht mehr arbeiten muss, und folglich an jedem Tag Wochenende für mich ist. Aber außer mir, so hat es den Anschein, benutzt die ganze Welt meine Wochenendverlängerungsmaschine.

Jetzt ganz im Vertrauen gesagt: Das Tollste an der ganzen Sache ist, dass mein Gerät mit plasmatisierter Luft oder so etwas gar nichts zu tun hat. Es funktioniert in Wahrheit viel einfacher.

Innen drin befindet sich eine kleine Platine mit elektrischen Schaltungen, die aber nicht von mir entworfen wurden, sondern die – Sie behalten es bitte für sich! – vom Sperrmüll zusammengesammelt wurden. Es handelt sich um verschrottete Platinen von alten Waschmaschinen, Fernsehern und Computern. Sie sind allesamt längst kaputt, aber was macht das schon! Diese Platinen sind irgendwie durch ein paar Drähte (die genaue Anzahl variiert) mit den Drehreglern verbunden. Am liebsten freilich hätte ich den ganzen Kasten leer gelassen, das wäre genauso gut gewesen. Allerdings wären ein paar Bastler, die sich von der Warnung vor Verlust auf Garantieleistungen nicht hätten abschrecken lassen, das Gerät zu öffnen, doch sehr erstaunt gewesen, wenn in meinem Apparat gar nichts drin gewesen wäre und die Drehregler sich als reine Attrappe herausgestellt hätten. Also musste ich irgendetwas einbauen, möglichst billig natürlich. Außerdem sollte das Gerät ja brummen, das steigert enorm die Akzeptanz.

Also, physikalisch gesehen leistet mein Gerät eigentlich gar nichts, und trotzdem verkauft es sich wie von selbst, erntet säckeweise Dankesschreiben und begeistert in allen Tests. Wer würde da von einem Schwindel reden wollen? Wer wollte beckmesserisch die verlängerte (oder nicht verlängerte) Zeit bloß in Sekunden messen wollen und nicht in Glück und Zufriedenheit? Ist Zeit nicht ein Gefühl?

Und das Allertollste ist, dass ich schon wieder diverse neue Ideen habe. Ich will nicht alles vorher verraten, aber freuen Sie sich mit mir auf meine Nikotin-Vernichtungsmaschine, die endlich alle Raucher von der gesundheitsschädlichen Wirkung ihres Lasters befreien wird. Das Gerät wird in etwa aussehen wie eine Mikrowelle – nein, Ihnen kann ich es ja sagen: Es *ist* eine Mikrowelle.

Ich werde defekte Geräte zu einem erstaunlich günstigen Preis beziehen und sie einfach umetikettieren (so muss etwa die Skala des einen Drehknopfs nicht *Watt* anzeigen, sondern *Milligramm Kondensat und Teer!*). Auf irgendwelche Wellen kommt es mir dabei nicht an, nur die Innenbeleuchtung muss funktionieren und der Teller muss sich drehen.

Stellen Sie sich das vor: wie die Raucher eine Schachtel auf den Drehteller legen, die Klappe zumachen, und dann von außen zusehen, wie ihre Zigaretten sich innen langsam drehen und dabei auf zauberhafte Weise ihr

Nikotin verlieren! Nach vier Minuten klingelt es dann, der Raucher ist glücklich und ich werde noch reicher.

Wie gesagt, um meine Zukunft mache ich mir keine Sorgen.

Traumberuf

Jeder Mensch hat in jungen Jahren eine Vorstellung, was er später werden möchte. Einen Traumberuf.

Mein Traumberuf war schon immer: Namenserfinder bei Ikea, oder auf Neudeutsch: Product Naming Designer. Sie kennen natürlich alle das Möbelhaus, bei dem man aus einem Katalog auswählt zunächst ein Möbelstück in Augenschein nimmt, es dann als Karton mit vielen Holzteilen erwirbt, die man dann zuhause so zusammenzubauen versucht, dass das endgültige Möbelstück dem aus der Erinnerung möglichst ähnelt.

Und natürlich: Jedes Produkt hat einen Namen. Und zwar nicht bloß einen Identifikationscode für die Buchhaltung, so wie XV 500 oder SchrWE 210-50-100 (für Schrankwand Eiche mit den Außenmaßen 210-50-100). Sondern Namen wie du und ich, die uns gleich persönlich ansprechen. So wie Lade, Askedal, Billy, Tulka, Nimbus, Stensvik, Hagali, Tolken, Moll, Uri, Jerri, Kello, Öglett, Ting, Subtil, Totte oder die ewig unvergessliche Moppe.

(heißt es eigentlich *die* oder *der* oder *das* Moppe?)

Da sind echte Personennamen dabei wie Niklas, Tommy oder Mathias (letzterer ist übrigens – na, wissen Sie´s – ein Drehstuhl!). Da gibt es Namen, die in mehr oder weniger logischem Zusammenhang mit dem Gegenstand stehen, etwa die Abfallkorbkombination Rationell, der Blumentopf Dill oder der Wecker Ticka. Besonders sinnig natürlich, dass der Hochdrucklaminatboden ausgerechnet Tundra heißt. Oder welcher Gegenstand heißt wohl Maskulinum? Na? Es sind spitze Schubladengriffe, eher phallisch geformt! Außerdem sind nahezu die Hälfte aller schwedischen Ortsnamen vertreten, so wie Toftaholm, Ranvik oder Tranebjerg. Was aber bedeuten die Namen Grimsbygd, Rymd (selbstverständlich alles mit Ypsilon) oder Gentofte?

Nun, Sie sehen, es ist eben nicht bloß ein Namensfinder, sondern ein Namenserfinder am Werk.

Sie denken natürlich, ich bluffe. Namenserfinder, haha, da hätte ich nichts zu tun als mir irgendwelche Laute, Silben und Fantasieworte auszudenken, am besten im Halbschlaf oder Vollrausch, oder meinem einjährigen Sohn ein wenig bei seinem Gebrabbel zuzuhören, und die gefundenen Namen dann wahllos auf irgendwelche neuen Produkte zu verteilen.

Nun, Sie haben natürlich unrecht. Solche Namen sind nicht zufällig, sie sind äußerst subtil und nach exaktesten wissenschaftlichen und psychologischen Erwägungen dem Produkt angepasst.

Wir spielen einmal exemplarisch einen Fall durch. Nehmen wir eine neue Kommode, die mir der Product Designer mit stolzgeschwellter Brust zur Tür hereinbringt, und nun von mir erwartet, dass ich ihr einen Namen verpasse, der sich in das deutsche Sprachbewusstsein ähnlich untrennbar hineinbrennt wie Ivar oder Moppe.

Also schlicht: Nicht das Produkt selbst bestimmt seinen Erfolg, sondern vor allem sein Name. Ich lege mit dem Namen die Zielgruppe, den Charakter und das assoziative Umfeld fest.

Das ist Ihnen zu hoch?

Nun, ich erkläre es Ihnen. Also, vor mir steht die noch namenlose Kommode. Sie reicht mir etwa bis zum Nabel, besteht aus Pressspanplatten mit einem Furnier aus Kiefernimitat. Plastik eben. Abgerundete Kanten, runde knubbelige Griffe an den drei Schubladen, die wie alle Ikea-Schubladen schwer zu öffnen sind und leicht verkanten.

Eine Kommode eben, wie es Tausende gibt. Aber ich mache sie mit meinem Namen unverwechselbar.

Also: Zugegebenermaßen ist es nicht gerade das edelste Teil dieses Möbelhauses. Der Name Segnieur wäre also unpassend, würde die falsche Zielgruppe ansprechen, eine falsche Assoziation hervorrufen. Ebenso wenig passen Boss, King oder Maestro. Mit Maestro scheiden aber auch gleichzeitig Mastro, Mestro oder Master aus. Auch hier assoziiert man immer noch etwas Gehobenes. Also verfallen wir ins Gegenteil und versuchen es mit: Sparo oder Aldü oder Penny. Keine Frage: Ins Discount-Lager möchte ich die Kommode auch nicht stellen, auch wenn sie mir nicht gefällt und ich den Product Designer nicht ausstehen kann. Sagen wir: Der Name muss statusneutral sein. Ein Student muss die Kommode ebenso guten Gewissens kaufen können wie ein Zahnarzt.

Versuchen wir lieber, mittels des Namens den Charakter der Kommode zu umschreiben. Sie ist weiß, also muss ein hell klingender Name her. Tümpf passt ebenso wenig wie Lunga. Schon eher Lara oder Isswand. Letzteres ist allerdings zu scharf, das passt nicht zu den abgerundeten Ecken. Da muss etwas Weiches her, so wie die Endung -gandel, oder -waia.

Kombinieren wir also: Laragandel oder Issweia. Schon gefunden, denken Sie? Weit gefehlt.

Laragandel klingt nach Venedig, nach südländischem Flair, welches der Kommode völlig abgeht, scheidet also aus. Issweia könnte neben Woglinde, Wellgunde und Floßhilde eine vierte Rheintochter aus Richard Wagners "Rheingold" sein – ebenfalls eine untaugliche Assoziation. Also weitersuchen.

Zu weich darf der Name auch nicht sein, sonst traut man dem Möbel keine große Haltbarkeit zu. Beispiel: Schlabberdy oder Glitscherwauwau. Ganz zu schweigen von Krackaboing. Würden Sie einen Spiegel namens Klirr kaufen, oder eine Glühbirne namens Zisch? Ein Daunenkopfkissen mit dem Namen Platt, oder einen Hammer, der Aua heißt?

Nun, ich kürze es ab, nach langem Experimentieren, Recherchieren und Suchen heißt meine Kommode endlich Gingel, ein Name, der viele Vorzüge in sich vereint und zudem noch leicht zu merken ist. Gingel! Das geht ins Ohr, klingt angenehm, weich und wohlig und hat doch auch eine wertige Komponente.

Ich sagte ja schon, Namenserfinder war mein Traumberuf. War! Letzte Woche hatte ich einen Traum, der mir den Beruf verleidet hat. Ich werde ihn nicht ergreifen können, zu sehr habe ich Angst, mein Traum könne Wirklichkeit werden.

Mir war im Traum, als ob ich nach langem Arbeitstag auf dem Nachhauseweg war, schon kurz vor meiner Haustür, da stand ein Regal auf dem Bordstein und versperrte mir den Weg. Trotz spärlicher Beleuchtung sah ich sofort, es war Billy. *Komm mit*, sagte das Regal harsch und ging hinaus in die Dunkelheit. Seine Schritte hallten gespenstig durch die Nacht. Ich folgte ihm bis in eine große leere Halle. Das heißt, ich dachte zunächst, sie sei leer. Doch da kam Moppe aus der Dunkelheit herangemoppelt. Moppe, die kleine Minikommode. Sie weinte jämmerlich.

Was ist, Moppe, fragte ich mitleidig. Da sah ich auch die anderen, Knuff, Peng und Totte, die Archivierungsboxen.

Was hast du mit uns gemacht, schrien sie. Ihre Stimmen hallten dumpf in der leeren Halle und wurden grässlich verzerrt.

Was ist mit euch, fragte ich. Peng heulte, *ich will nicht länger Peng sein. – Und ich nicht länger Knuff*, bellte Knuff. Da kamen drohende Schritte aus dem Dunkel, es war ein gelbes Ledersofa.

Was habe ich dir getan, schrie es ächzend.

Warum hast du mich Dygn genannt? Mit Ypsilon! Das konnte ich ihm nicht so schnell erklären, denn schon kamen immer mehr Gestalten herbei, die mich anklagten. Ich kannte sie alle: Bonde, Absorb, Toftaholm, Sufloer und Flade, den bunten Flickenteppich.

Wir wollen deine Namen nicht mehr, skandierten sie und traten nach mir.

Nenn dich doch selbst so, wenn dir Flade gefällt, rief Flade.
Seit wann heißen Rührschüsseln Idealisk? jaulte Idealisk.
Schließlich kam Poäng der Schwingsessel und warf sich auf mich, dass mir die Gelenke knackten.
Poäng, schrie er, als ob er nichts mehr anderes von sich geben konnte, immer wieder auf mich drauf, *Poäng, Poäng, Poäng!*
Ich wachte schweißgebadet auf und begrub meinen Wunschtraum. Nicht alle Kindheitsträume sollte man verwirklichen.

Ernst bleiben

Eigentlich will ich seit Jahren nur eines: ein wirklich großes ernstes, tiefes Buch schreiben. Keinen sagenhaften Bestseller, keinen dieser kurzlebigen Megaseller, diesen literarischen Bücklingen vor dem Zeitgeist und dem Mainstream.

Mich ekelt diese protzige Äußerlichkeit, die Geltungssucht, die aus so vielen Romanen trieft, die dem Leser zwar vor praller Farbigkeit und jagender Handlung den Atem nehmen, aber in ihrer auftrumpfenden Äußerlichkeit bloß Größe vorspielen, sie aber nicht wirklich besitzen.

Ich ekele mich vor solcher "Kunst" und vor allem vor diesen Schwindlern, die beides wollen: Geld *und* Ehre. Der wahre Künstler wird sich eben entscheiden müssen.

Bei mir freilich liegen die Dinge ganz anders. Auch ich betreibe mein Metier – das Schreiben – mit einem gewissen Erfolg. Auch ich möchte einmal ein echtes, wahres, tiefes Kunstwerk schaffen. Und ich spüre deutlich, dass ich das Zeug dazu habe. Handwerkszeug meine ich. Ideen auch und Fantasie. Auch den langen Atem, um eine große Geschichte sorgfältig zu entfalten, zu entwickeln und schließlich abzurunden.

All das wäre kein Problem, wenn nicht, ja wenn mir nicht der Schalk im Rücken sitzen würde.

Lachen Sie nicht, ich meine es ernst! Da versuche ich immer wieder eine große ernste Geschichte zu erzählen, und dann rutscht es mir unweigerlich heraus. Etwas, das den Roman auf eine andere Stufe hebt (oder senkt, wie man will). Da entwerfe ich ein eindrucksvolles Bild einer altwürdigen Familie (durchaus vergleichbar mit den Buddenbrooks), die sich im generationenübergreifenden Konflikt zwischen Pflicht und Neigung, zwischen politischen Wirrnissen und Irrungen des Herzens befindet, und schließlich halte ich es nicht mehr aus, und der jüngste Spross dieser Familie, der gerade gegen den Willen des Vaters auf die Laufbahn eines angesehenen Kaufmanns zugunsten eines Entwicklungshelferdaseins in Schwarzafrika verzichtet hat (und den deswegen der Vater enterbt), wird plötzlich von Aliens in einem UFO entführt, wodurch die Geschichte eine deutliche und unvorhersehbare Wandlung erfährt.

Zugegeben: Dem Publikum gefällt es – dieser Roman verkauft sich blendend. Aber das war nicht der Grund für dieses Abgleiten in ein anderes Genre. Nachdem ich mehrere Monate meine Protagonisten mit immer sensibleren Formulierungen charakterisiert hatte, sie gehegt und gepflegt, sie nach allen Regeln der literarischen Kunst zu großen, dramatischen, farbigen, mitreißenden Charakteren gemacht hatte, kotzten sie mich irgendwann einfach an in ihrer widerlichen Ernsthaftigkeit. Ich begann sie zu hassen, ihre Größe und Unnahbarkeit, ihre Würde und Borniertheit, ihre Tiefe und Schablonenhaftigkeit. Und zur Strafe wurde eben dann einer das Opfer einer UFO-Attacke.

Oder in einem anderen Roman, da ging es um einen frischvermählten Pianisten, der plötzlich merkte, dass er bisexuell war und darüber der Verzweiflung anheim fiel.

Ein großes Buch, bis dahin. Bis mich dieses Seelendrama langweilte und ich ihm schnurstracks eine tennisballgroße Warze auf der Stirn wachsen ließ, wodurch sich alle sexuellen Probleme wie von selbst regelten. Der Pianist wurde noch viel berühmter, weil jeder diese gigantische Warze sehen wollte, und sie zudem beim Konzertieren ausdrucksstark zu schwingen begann. Auch dieses Buch, das darf ich in aller Bescheidenheit sagen, war ein Riesenerfolg.

Oder mein jüngster Roman, der kurz vor der Vollendung steht. Ein ganzes Jahr habe ich recherchiert, wie das Leben der Päpste im 17. Jahrhundert gewesen sein mag, habe alle Rituale und Gebräuche studiert, kenne alle Namen von Päpsten, Kardinälen und Legaten. In mühsamer Kleinarbeit habe ich die Geschichte von Pius dem Dritten nachgezeichnet, das meiste authentisch, da und dort poetisch überhöht. Habe das Leben eines Papstes nachgezeichnet, der in einer Zeit der Kriegswirren und Glaubenskämpfe nach außen wie ein Fels in der Brandung steht, aber dessen Inneres von tiefen Selbstzweifeln und Glaubenskrisen zerfressen ist.

Letzten Montag ist es mir dann zu dumm geworden. Der Olymp war greifbar nahe – das Buch näherte sich wie gesagt der Fertigstellung. Aber es nutzt alles nichts, in mir sind Kräfte am Werk, die sich gegen eine seriöse Vollendung des Romans sträuben.

Letzten Montag also hielt ich es nicht mehr aus. Gerade wollte ich einen großen Monolog von Pius angesichts seiner seelischen Zerrissenheit als Seelsorger und Politiker im Dreißigjährigen Krieg schreiben, da kam mir etwas gänzlich anderes in die Feder, wie von selbst, ich konnte mich nicht dagegen wehren. Ein Nuntius brachte dem Papst, wie er so dasaß und grübelte, eine merkwürdig verrostete Eisenkiste. Die sei von König Gustav Adolf erbeutet worden. Der Papst zog sich in seine Gemächer zurück und öffnete die Kiste. Drinnen lag ein Bündel Mickymaus-Hefte, frisch von Gutenbergs Druckerei. Der Papst blätterte die ihm fremden Bücher zunächst skeptisch, dann zunehmend belustigt durch. Mein Buch endet äußerst poetisch: Während in Europa der Krieg tobt, schließt sich Pius in den päpstlichen Gemächern ein und blättert seine Heftchen durch. Die Geschichten von Mickeymaus und Donald Duck begeistern ihn so, dass er alles andere darüber vergisst. Das enthemmte Lachen des Papstes dröhnt durch die Residenz, schallt hinüber auf den Petersplatz und weiter bis zur Engelsburg.

Auch dieser Roman wird zweifellos ein Kassenschlager. Dennoch bin ich enttäuscht: Wieder habe ich es nicht geschafft, einen großen seriösen Roman zu schreiben. Wieder bin ich kurz vor dem Ende gescheitert.

Merken Sie nun, welch tragische Figur ich bin, eine Figur, die sicher selbst wert wäre, Protagonist eines großen Romans zu sein. Der Mann, der kein ernstes Buch schreiben kann. Vielleicht sollte ich genau das tun: einen Roman über mich selbst schreiben. Ein großes und tragisches Buch, weil es mir nie gelingt, einen ernsthaften Roman zu schreiben …

Ahnen sie, wovor ich Angst habe? Vermutlich wird mir auch das nicht gelingen. Dann wird es mit mir eben doch kein großes und tragisches Ende nehmen. Sondern Aliens werden mich entführen, Warzen werden mir wachsen, oder wer weiß was mir noch so alles einfällt.

Das ist eben die eigentliche Tragik: Nicht mal ein großes und tragisches Ende darf ich erwarten.

Nichts.

Antizyklisch

An der Börse, so lernt man es als Neuling ziemlich schnell, ist kein Blumentopf zu gewinnen, wenn man zur selben Zeit tut, was alle gerade tun. Man kauft, wenn alle gerade kaufen und umgekehrt. Resultat: Was man tut, ist nichts wert, weil es gerade alle tun, es verdirbt die Preise. Im Gegenteil: Antizyklisch sollte man sich verhalten. Klingt eigentlich logisch. Kaufen wenn alle verkaufen heißt, zu billigem Kurs kaufen. Und umgekehrt.

Was theoretisch so einfach klingt, ist in der Praxis ungeheuer schwierig. Und zwar psychologisch. Der Solidaritätsdruck, zu tun, was alle gerade tun, ist meist größer als die persönliche Willenskraft. Was also liegt näher, als diese Strategie, die so unheimlich viel Geld bringen kann, zu trainieren. Und zwar im täglichen Leben. Verhalte dich antizyklisch, rufe ich mir also seit einem halben Jahr zu!

Was kann das nun konkret heißen? Fangen wir mit dem normalen Tagesablauf an. Wer sagt denn, man müsse den Tag unbedingt mit Kaffee und Marmeladenbrötchen beginnen? Ich beginne seit neuestem den Tag würzig: mit Oliven, Schafskäse und Knabbergebäck, dazu noch ein trockener Weißwein. Klar, dass ich mir dazu ein wenig mehr Zeit nehmen muss als gewöhnlich. Wenn man zeitig genug aufsteht, ist es selbst im Sommer noch dunkel, dann zünde ich die Kerze auf dem Sofatisch an und serviere mir. Jawohl – natürlich findet die Mahlzeit nicht am Küchentisch, sondern auf dem Sofa statt. Könnte der Tag stilvoller beginnen? Haben Sie je den morgendlichen Weckruf der Vögel von draußen gehört, die Morgendämmerung sich ankündigen sehen, die frische kühle Nachtluft von draußen ahnen können und drinnen bei Kerzenschein einen Wein genossen? Wie sich die Gerüche mischen, wie sich der leichte Morgen und der schwere Wein zu einem unglaublichen Ensemble vereinen! Ich sage Ihnen, es ist unvergleichlich. Draußen wird es langsam hell, die Knoblaucholiven entfalten ihr Aroma im Mundraum, die Salzstangen krachen, der restliche Wein wandert wieder in den Kühlschrank bis morgen früh. Und ich gehe zur Arbeit. Das heißt, nur wenn es sich nicht verschieben lässt. Sonst gehe ich ins Kino. In die erste Vorstellung des Tages, egal welcher Film.

Auch hier wieder der besondere Geruch. Eine Mischung aus Frühstückskaffee und Nachtfrost liegt in der Luft, vermischt sich im Kinosaal noch mit dem gerade verfliegenden Rest von Putzmittel. Die Gesichter des Personals sind leer und bleiern, sie verrichten ihre Arbeiten ohne Überzeugung, rein vegetativ und reflexhaft. Unbeseelt. Und ich sitze alleine in dem riesigen dunklen Saal und lasse mir die letzten Ahnungen des frischen Morgens aus Ohren und Augen pusten. Bis ich gegen Mittag – vollgestopft von Bildern und albernen Dialogen – aus dem Gebäude wieder auf die gleißende Straße gespuckt werde. Abends beim Nachtmahl höre ich dann Radio. Aber nicht live, sondern die aufgezeichnete Sendung vom heutigen Morgen.

Herrlich: die Abenddämmerung, das Gefühl der gemächlichen Ermattung, der Küchenstuhl (denn natürlich meide ich abends das Sofa!), und dazu die aufgeregten und überdrehten Stimmen der Radiomoderatoren aus den heutigen "Weck"-Sendungen, die allesamt eine Terz höher sind als meine eigene Gemütslage. Aus diesen Kontrasten schöpfe ich Kraft. Aus diesen scheinbaren Widersprüchen wächst ein neues Gefühl wirklichen Bewusstseins.

Sicher, Kaffee belebt und sollte deswegen dann getrunken werden, wenn man Belebung braucht. Saisonale Lebensmittel schmecken frisch am besten. Trotzdem wehre ich mich gegen diese fremdbestimmten Rhythmen des Lebens. Ich will eigene Rhythmen und Zyklen schaffen. Muss denn der Mai der Monat von Spargel und Erdbeeren sein, der September die Hochsaison von stinkenden und rauchenden Grillpartys und der November die Zeit der Kontemplation?

Wohlan, lasst uns im Mai innehalten, ruhige Besinnlichkeit pflegen, kurz nach Pfingsten. Draußen lacht die Sonne, die ersten Swimming Pools werden da und dort aufgeblasen, die Fahrräder geputzt, es liegt so ein gewisses Etwas in der Luft.

Aber nun kommt unser Kontrapunkt: Wir schneiden etwas Tannengrün, schmücken das Fenstersims mit Trockengräsern oder Bastelarbeiten, stellen eine Schale mit Mandarinen auf den Tisch, vielleicht noch eine kleinere mit Erdnüssen und lesen als Krönung des Vormittags besinnliche Texte. Oder laden gar zu einem Leseabend ein, so um 18 Uhr, wenn draußen die

Nachmittagssonne durchs Fenster scheint und drüben noch der Rasenmäher rattert. Draußen riecht es nach frisch gemähtem Gras, aber bei Ihnen sitzen die Nachbarn vor Jasmintee und Zuckergebäck (nennen Sie es bloß nicht "Plätzchen", das wäre zu viel des Guten für die Uneingeweihten) und hören Ihrer sonoren Stimme zu, wie Sie die Fabel vom Fuchs und dem Schwan oder das Lehrgedicht vom traurigen Birnbaum rezitieren. Sie werden merken, *wie* antizyklisch solch ein Erlebnis für alle Beteiligten ist!

Jawohl, in Kürze, also noch im Juni, werde ich Weihnachten feiern. Die Gans ist schon bestellt, übrigens auch viel billiger als im Dezember, ein schwerer Rotwein steht bereit. Sollen doch die anderen warten bis zum Winter, ich weiß es besser: *Jetzt* ist die rechte Zeit!

Allerdings, so sehr ich auch durch meine antizyklische Lebensweise erstarke, so entgeht mir doch eine geheimnisvolle Kraftquelle, die ich erst jetzt erkenne, wo ich ihrer entbehre. Welches seltsame Band verbindet zwei Personen, die zugleich lustvoll in reife Erdbeeren beißen, welcher Friede umfängt eine Gruppe Menschen, die zusammen auf einem Gipfel stehen, welches innige Verständnis wohnt in Menschen, die sich lange nicht gesehen haben, sich aber am Ostersonntag oder am ersten Ferientag oder auch am Aschermittwoch begegnen und ahnend wissen, in welcher Gemütslage der andere ist!

Und auch die Natur beugt sich nur mühsam meiner antizyklischen Lebensweise. Was ich im Herbst gesät habe, ist nicht angegangen, da konnte ich düngen, was ich wollte. Dieser blöde Rasen wächst einfach nur im Sommerhalbjahr, die Luft hat einfach nur im Frühling diesen speziellen Duft, der einen tief im Innern berührt, nicht bloß in der Nase. Auch die Vögel scheinen das zu spüren, wenn sie partout immer genau im März anfangen zu singen. Und gegen diesen Vogelgesang und diese Luft, vor allem morgens, bin ich schier machtlos. Diese Frühlingsgefühle, ich bekomme sie einfach nicht im Herbst hin.

Die ganze Welt scheint voll von Kraftquellen, die aus zyklischem Leben resultieren. Aus gemeinsamem Erleben und Empfinden. Aus gleichgetakteten Lebensrhythmen, die sich über Mensch und Tier legen und sie wie von Zauberhand verbrüdern.

Zum Teufel mit aller Theorie, ich will wieder zyklisch leben!

Anachronisten

Als Werner ohne Vorwarnung den Kellerraum betrat, blies Kurt, unser Anführer, hektisch die Kerze aus: "Schnauze halten jetzt alle!", zischte er uns entgegen. Wir verharrten reglos etwa zwei Minuten bei völliger Dunkelheit, dann zündete Kurt als Entwarnung die Kerze wieder an und raunte dem Neuankömmling zu: "Bist du wahnsinnig, am helllichten Tag einfach so hereinzuspazieren?"

"Es hat mich doch niemand gesehen", beschwichtigte Werner.

"So – niemand. Weißt du das genau? Es sind nicht alle so blöd wie du."

Werner schüttelte den Kopf: "Jetzt übertreib' mal nicht. Selbst wenn mich jemand gesehen hätte, hätte sich niemand dafür interessiert..."

"Also hat dich doch jemand gesehen!" Kurt war gereizt, es empfahl sich, ihm nicht zu widersprechen, sonst würde alles nur noch schlimmer werden. Die Stimmung war sowieso gedrückt in dem Keller, unserem Versammlungsraum. Einem der letzten alten Backsteinkeller in dieser Gegend, durch eine Treppe vom Innenhof des Altstadtkarrees zu erreichen. Wem der Keller gehörte, wusste niemand so genau, er diente uns seit Jahren als geheimer Unterschlupf.

Wir hatten bereits seit drei Stunden getagt, zur Nachmittagsstunde an einem schwülen heißen Tag, in einem muffigen Kellerloch ohne Licht und frische Luft und vor allem: ohne Ergebnis. Kurt hatte die Wochenberichte der Mitglieder entgegengenommen und war wie immer äußerst unzufrieden. Niemand von uns hatte seine revolutionäre Pflicht zufriedenstellend erfüllt, keiner kam ohne Standpauke davon. Und jetzt war Werner dran.

"Also, entweder du hältst dich an unsere Beschlüsse und Kommuniqués oder du kannst gleich zu den Konterrevolutionären überlaufen." Kurt griff wieder mal tief in die Kiste. Er begann zum hundertsten Male eine Grundsatzerklärung: "Wer von uns die Sicherheitsmaßnahmen auf die leichte Schulter nimmt, gefährdet nicht nur sich selbst, sondern die ganze Brigade." Dabei schaute er vorwurfsvoll in die Runde, als hätte jeder von uns unsere Ziele bereits an den Feind verraten.

"Ohne Disziplin werden wir scheitern, aber mit Fleiß und Disziplin sind wir unschlagbar, die Revolution wird kommen und wird unser sein." Wieder dieser fordernde Blick, dieses fast böse Funkeln seiner Augen, heute noch verschlagener als sonst. Dann ging er zum Äußersten: "Lasst uns den Treueschwur erneuern."

Diesmal war ich es, der leise widersprach: "Den haben wir doch erst vorgestern erneuert." Aus den Gesichtern der anderen las ich leise und müde Zustimmung, doch Kurt hatte nur Verachtung für mich übrig: "Na und, du hast ihn seitdem bestimmt zehnmal gebrochen. Du bist schwach, genauso wie ihr alle. Ihr seid dem individualistischen Dämon verfallen, der sich imperialistischem Blendwerk nur allzu gerne hingibt. Wer nicht bereit ist, jeden Tag den Treueschwur zu erneuern, gehört nicht zu uns, der ist schon der Konterrevolution verfallen. Nun, wie sieht es aus?"

Wir hoben, fast mechanisch, unsere Arme, kreuzten die geballten Fäuste über den Köpfen und skandierten in einem Tonfall, der schon mal kräftiger gewesen war:

"Kampf dem Imperialismus, Kampf dem Individualismus, Kampf dem Pluralismus. Ewige Verdammnis dem Kapitalismus. Mit beiden Fäusten lasst uns bekämpfen, was der lichten Zukunft des Proletariats und der Arbeiterschaft entgegensteht. Krieg den Palästen, Krieg der Konterrevolution und Krieg der Bequemlichkeit."

Unser Credo, Kurt hatte es selbst vor 45 Jahren getextet. Seitdem skandierten wir es unablässig bei Aufmärschen, aber auch im Verborgenen als Treueschwur. Eigentlich sollte es jeder von uns beim Aufstehen und Zubettgehen als Gelöbnis aufsagen, aber – nun ja.

Ich schaute mich um, wie wir so dasaßen mit unseren erhobenen Fäusten. Irgendwie waren wir doch alt geworden in den letzten Jahren. Werner hatte mittlerweile eine ziemliche Wampe, Kurts Gesicht war grämlich zerfurcht, und Manfreds einst wilde Studentenmähne war einer fast frommen Tonsur gewichen. Wo waren all die Jahre hin? Es war doch noch gar nicht so lange her, unsere goldene Zeit, als Rudi Dutschke noch lebte und wir wie im Rausch unsere maoistisch-trotzkistische Splittergruppe gründeten und uns als Speerspitze der Nation fühlten. Damals Anfang der 70er.

Langsam ließen wir die Hände sinken, Felix hatte schon einen roten Kopf, ich spürte meinen Blutdruck.

Nur Kurts Augen funkelten angriffslustig wie eh und je. "So, jetzt lasst uns in die Zukunft sehen, die Menschheit wartet auf uns. Der Tagesplan für morgen?" Das war das Stichwort für Johannes, der beflissen einen schmierigen Zettel aus seinem Rucksack fischte. Johannes war nichts als ein kleines Arschloch, das wussten alle hier, auch er selbst. Ein Milchgesicht, ein Streber. Er strotzte vor Ehrgeiz und riss sich um jede Aufgabe, die er auch nur halbwegs befriedigend erledigen konnte.

Johannes las den Tagesplan für morgen vor: "Vormittags erhöhte Wachsamkeit gegenüber der Presse, wie sie unsere letzten Aktivitäten kommentiert. Abends nach Sonnenuntergang Treffpunkt an der Alten Brücke, wo ein Protestspruch aufgesprüht wird. Tarnkleidung mitbringen."

Felix seufzte: "Morgen Nacht kann ich nicht, ich hab' Spätschicht." Das kam bei Kurt gerade recht an: "Ist dir der kapitalistische Feind wichtiger als unsere Revolution? Willst du die Menschheit befreien oder Fernsehröhren einsetzen, damit dein Chef sich an der Riviera ein Haus kaufen kann?"

"Ich will mir selbst irgendwann ein Haus kaufen, deswegen muss ich morgen zur Spätschicht." Johannes verzog das Gesicht: "Verräter!" Aber Felix bellte nur zurück: "Dass es bei Aldi, wo du arbeitest, keine Spätschicht gibt, weiß ich auch. Aber von dir lass ich mir nichts über Kapitalismus und Verrat sagen. Wer hat denn letztens eine stadtbekannte Belobigung von seinem Chef bekommen? Inklusive Zeitungsinterview. Du hast ihm geradezu die Füße geküsst."

Ich musste kichern, obwohl die Sache wie immer sehr ernst war. Aber Johannes sah in seinem Aldi-Westchen tagsüber einfach zu blöd aus. Schon mehrmals hatte ich ihn im Supermarkt besucht und ihn scheinheilig nach irgendwelchen Ketchup-Sonderangeboten ausgefragt. Er war knallrot geworden und hatte geflüstert, ich solle mich zum Teufel scheren. Seit Jahren stellte ich mir vor, wie es wäre, wenn er einmal zu unseren Sitzungen in diesem Kittelchen käme. Wie Kurt gucken würde. Sein Musterschüler in der Uniform des kapitalistischen Feindes. Kurt hatte es natürlich leicht, er als Langzeitarbeitsloser. Da konnte er kaum dem Feind dienen.

"Also?" – Kurt schaute in die Runde, "kommen alle außer Felix!" Wir nickten mit gesenkten Köpfen. Jetzt bloß nicht auffallen. Nur Werner, dieser Idiot, konnte es nicht lassen: "Was sprühen wir denn auf die Brücke drauf?" Kurt schwieg bedeutend. Die Frage gefiel ihm, zumal er sich offenbar selbst noch keine Gedanken gemacht hatte. "Irgendwelche Vorschläge vielleicht?" Ich dachte nach. Unsere Losung vielleicht? KAMPF DEM INDIVIDUALISMUS – oder klang das ironisch? Aber jetzt bloß das Maul halten, sonst wurde Kurt noch wild.

Aber Kurt schrie sowieso schon: "Keine Vorschläge? Was geht denn in euren Semmelköpfen vor?" Wieder war es Felix, der nicht an sich halten konnte: "Wie wäre es mit ALDI, VERRECKE!?"

Lähmende Stille, nur Johannes schnaufte blutrünstig vor sich hin. Doch Felix hatte ihn an seiner schwachen Stelle erwischt. Kurt tat so, als hätte er nicht gehört: "Morgen ist der Geburtstag von Ho Chi Minh, ihr

Knallköppe. Und ihr wisst nicht, was wir auf die Alte Brücke schreiben müssen? ONKEL HO LEBT! Klar?"

Ho Chi Minh – tatsächlich. Den hatte ich ganz vergessen. Nur Felix schaute so, alles hätte er noch nie etwas von Onkel Ho gehört. Kurts Vorschlag empfand ich trotzdem nicht als ultimativ.

"Meinst du wirklich? Ich weiß nicht, ob noch alle wissen, wer mit Onkel Ho gemeint ist." Felix wich meinem verstohlenen Blick aus.

Kurt funkelte: "Dann werden sie ihn kennenlernen. Ho ist immer noch aktuell, wir sind seine Streiter!"

Auch Johannes strahlte ungebrochene Begeisterung aus: "Wir könnten auch an die Leute Reispäckchen verteilen, um an Ho zu erinnern."

"Reis vom Aldi, meinst du? Handgranaten wären wohl passender."

"Quatsch. Wir feiern ja schließlich nicht den Geburtstag von Pol Pot."

"Wir könnten uns auch mit langen Bärten in die Fußgängerzone stellen …"

"…dass die Leute meinen, wir wären verspätete Weihnachtsmänner? So ein Quatsch. Wenn schon, dann müssten wir Ho Chi Minhs Schriften unters Volk bringen." Der Vorschlag kam von mir, auch wenn ich leider keine Schrift von ihm kannte.

Kurt klopfte mir betont kameradschaftlich auf die Schultern. "Die Revolution lebt nur durch uns, ohne uns ist sie tot. Sie braucht unsere ganze Hingabe." Das war so ein typischer Kurt-Satz.

"Meine Familie braucht auch meine ganze Hingabe", warf Felix ein, der unverbesserliche Pragmatiker. Das brachte Kurt zum Platzen: "Verdammt, wir sind die revolutionären Zellen, kapiert ihr das nicht? Da gibt es keine bürgerlichen Familien. Wir hier sind die Familie. Bindungen des Blutes sind feudalistisch, wir kennen nur die Bindungen der Gesinnung." Felix schüttelte den Kopf: "Das kapiert meine Frau nie. Die will pünktlich ihr Haushaltsgeld. Kurt – du weißt nicht wie das ist, wenn man verheiratet ist."

"Zum Glück, jawohl. Die Ehe ist ein konservatives Zwangsgebilde, um den gesellschaftlichen Status Quo beizubehalten und die Massen zu besänftigen. Leute, wir sind die Elite, wir repräsentieren den revolutionären Typ. Ihr seid mit der Revolution verheiratet!"

Pflichtschuldiges Nicken in der Runde. Das klang doch irgendwie gut, und duldete auf jeden Fall keinen Widerspruch.

Und weiter ging es in der Tagesordnung. Johannes verlas den nächsten Punkt: "Jetzt kommt Manfred dran. Grundsatzreferat über das Thema *Kommunismus im Alltag.*" Der Arme hatte weiß Gott ein schweres Thema erwischt, vielleicht sah er deswegen auch so bleich aus.

Manfred war ein stiller Typ, deswegen begann er sein Referat auch mit einer Schweigeminute. Dann eröffnete er sein Referat mit dem schicksalsträchtigen Satz: "Stalin ist tot."

Allerdings – da hatte er recht. Der Anflug eines Kopfnickens machte die Runde. Johannes zuckte unruhig mit den Fingern, Kurt blickte meditativ auf den Boden, während Manfred zunächst weiter schwieg, weil ihm wohl nichts Ebenbürtiges mehr einfiel. Dann hub er erneut an: "Der Kommunismus ... wir haben in unserer heutigen ... ich meine, im Alltag praktizieren wir ja gewissermaßen ... also ich meine den modernen Kommunismus..."

Dann brach er ab, schüttelte mit dem Kopf und wandte sich beschämt an Kurt: "Ich schaff´s nicht, ich hab´s probiert – wirklich! Es geht nicht, das Thema ist mir zu schwer, das hättest du Johannes geben müssen." Johannes strahlte stolz, der Dummkopf, wir anderen blickten zu Boden, es hätte jeden von uns gleichermaßen treffen können.

Kurt stierte Manfred an wie einen Außerirdischen: "Was heißt zu schwer? Was kann es Einfacheres geben als den realen Kommunismus. Was kann leichter sein, als die Vorzüge, die Lebendigkeit, die Freude und die soziale Verantwortung des ganz alltäglichen Kommunismus zu schildern? Was?"

Felix konnte es sich wieder nicht verkneifen: "Vielleicht Essen? Biertrinken? Computerspiele?" Dass er aber auch immer stänkern musste.

Ich versuchte, die Situation zu entschärfen: "Wir sollten das gemeinsam entwickeln, unseren Entwurf des realen Kommunismus."

"Gute Idee. Ich meine, wenn ich nach Hause komme, und meine Frau hat mit anderen zusammen ein Transparent genäht, das geht doch in die richtige Richtung, oder?"

"Oder wenn ich meinem Chef klarmache, dass Gewerkschaften nicht automatisch abgrundtief böse sind."

"Oder ... also wenn ich, ich meine, wenn wir nach Feierabend auf die Fußgängerpassage gingen, und Werbung machten."

"So wie die Jesus-Sänger da, frei nach dem Motto *Stalin liebt dich!* – na, ich weiß nicht! Dann lieber eine Bombe hochgehen lassen, ich meine irgendwo auf einer Wiese, nur so als Warnung. Es soll ja niemand verletzt werden."

"Wenn schon Stalin, dann aber richtig, dann in der Fußgängerpassage."

"Bist du verrückt, wir wollen doch niemandem weh tun!"

"Leute, ihr verwechselt Revolution mit Ostereiersuchen! Es geht nicht um Kuscheltiere, es geht um Angriff. Es geht um die permanente Revolution."

"Wie – was heißt permanent? Also ich meine, wir können doch nicht jeden Abend auf die Fußgängerzone!"

"Mittwochs habe ich Fußballtraining."

"Revolution, schön und gut, aber das Thema hatten wir schon beim letzten Treffen. Jetzt wollten wir doch über den Alltag reden. Ich zum Beispiel ..."

"Ach halt doch das Maul. Deine Ansichten vom Kommunismus kommen doch aus der Steinzeit."

"Schon Mao hat gesagt..."

"Lang lebe Mao."

"Und Onkel Ho."

"Und Onkel Pot, trotz allem, er war ein guter Kamerad."

"Quatsch nicht, Pol Pot war ein Idiot. Er hat die merkantilen Möglichkeiten des Sozialismus ungenutzt gelassen."

"Er hat sich halt mehr auf seine Maschinengewehre verlassen."

"So wie Stalin."

"Und Hitler."

"Und Friedrich Wilhelm."

"Wieso der denn?"

"Na, ich meine so als Wegbereiter."

"Konfuzius sagte – nee, es war Laotse ..."

"War das auch ein Kommunist?"

"Ja klar. Jedenfalls sagte er: Klatsch in die Hände und höre auf den Klang der einen Hand."

"Wieso der einen?"

"Na, eben nur der einen."

"Und welcher?"

"Das ist doch scheißegal, verstehst du nicht?"

Hier klatschte Kurt wutentbrannt in die Hände, um dem unwürdigen Palaver ein Ende zu bereiten. Wir aber hörten intensiv auf den Klang der einen Hand. Die Sitzung wurde geschlossen. Ich bekam für nächste Woche das Referatthema *Von Mao lernen heißt siegen lernen* aufgebrummt, dann löschte Kurt wieder die Kerze, öffnete geräuschlos die Tür einen Spalt breit, wartete eine Minute und gab Entwarnung.

Niemand beobachtete uns, niemand hatte unser geheimes konspiratives Versteck enttarnt. Die Stadt, die ganze Welt schien keine Notiz von uns zu nehmen.

Mit einem Mal kam mir diese Idee: Das wäre doch eine supertolle Idee für einen Film! Ein kleiner Haufen von ehemaligen Studenten, vor 45 Jahren auf dem Höhepunkt der Achtundsechziger aus der Zeit gefallen, hatte es als Geister bis heute geschafft und versuchte seitdem als körperlose Wesen die Idee vom realen Kommunismus weiter zu verbreiten. Unbemerkt vom realen Lauf der Welten. In einem Kellerloch gefangen, in einer Parallelwelt, in der es weiter um die alten Ideale und Ideen ging, weiter um Mao und Trotzki. Und Onkel Ho. Und erst ganz am Ende des Films würden sie merken, dass sie gar nicht mehr in der wirklichen Welt leben, dass ihre aufgesprühten revolutionären Parolen niemand außer ihnen sieht, dass sie bloß Geister sind. Was für ein Film!

Wir verließen eilig aber unauffällig unseren Kellerraum in verschiedene Richtungen, ohne uns noch einmal umzudrehen. Im Dunkel der beginnenden Nacht blieben wir unbemerkt.

Und plötzlich war ich mir nicht mehr so ganz sicher, ob das wirklich nur ein Film war, meine Idee.